ユダヤの商法

世界経済を動かす

《新装版》

日本マクドナルド創業者

藤田 田（デンと発音して下さい）

KKベストセラーズ

ユダヤの商法

世界経済を動かす

〔新装版〕

日本マクドナルド創業者
藤田 田（デンと発音して下さい）

KKベストセラーズ

装幀　トサカデザイン
挿画　渡邉孝行

ユダヤの商法
世界経済を動かす
［新装版］

目次

Part 1 これがユダヤ商法だ

Part II
私自身のユダヤ商法

Part V 「円」を吸うユダヤ商法

Part VI ユダヤ商法とハンバーガー

「藤田 田6冊同時復刊プロジェクト」は、著者の主要評論を収録するものです。本作品中に、現在の観点から見れば、差別とされる言葉・用語など考慮すべき表現も含まれておりますが、著者の作品が経営・ビジネス書の古典として多くの読者から評価されていること、執筆当時の時代を反映した著者の独自の世界であること、また著者は、2004(平成16)年に他界し、作品を改訂することができないことの観点から、おおむね底本のままとしました。

(ベストセラーズ書籍編集部)

＊本書は一九七二（昭和四七）年弊社初版刊行『ユダヤの商法　世界経済を動かす』を底本とし、初版時の内容をそのまま再録することを目指しました。ゆえに語句・表記上の加筆修正のみ行い、新たに装幀、挿画を変えて新装再編版としたものです。

Part 1

これがユダヤ商法だ

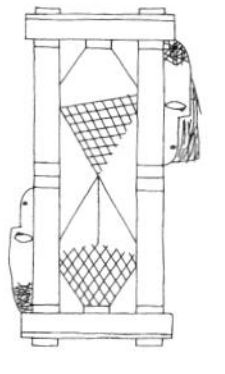

1
78：22の宇宙法則

ユダヤ商法には法則がある。そして、その法則を支えているものは、宇宙の大法則なのである。人間がどうあがいても曲げることができない宇宙の大法則。ユダヤ商法が、その大法則に支えられている限り、彼らは決して〝損〟をしないのである。

ユダヤ商法の基礎になっている法則に『七八対二二の法則』がある。厳密にいうと七八にも二二にも、プラスマイナス一の誤差があるから、七八対二二は、時には七九対二一になるし、七八・五対二一・五になる時もある。

例えば、正方形とその正方形に内接する円の関係を考えてみよう。正方形の面積を一〇〇とすると、その正方形に内接する円の面積は七八・五になる。つまり、正方形に内接する円の面積を約七八とすると、正方形の残りの面積は約二二になる。一辺が一〇センチの正方形を描いて試しに計算してごらんになるとすぐ分かるが、このように、正方形に内接する円と、正方形の残りの面積の比は『七八対二二』の法則にピタリと合致するのである。

また、空気中の成分が、窒素七八に対して酸素等が二二の割合になっていることは、よく知られている。人間の体も、水分が七八、その他の物質が二二の割合でできている。

この『七八対二二の法則』は、人間の力ではいかんともしがたい大自然の宇宙の法則である。例えば、人間が人為的に、窒素六〇、酸素四〇の空間を作り出したところで、とうてい人間はそのような空間では生活できないし、人体の水分が六〇になれば、人間は死んでしまう。だから『七八対二二の法則』は決して『七五対二五』や『六〇対四〇』にはならない。不変真理の法則なのだ。

儲けの法則も、78対22

この法則の上に、ユダヤ商法は成り立っている。

例えば、世の中には『金を貸したい人』が多いか、『金を借りたい人』が多いか、といえば、『貸したい人』の方が断然多い。一般には『借りたい人』の方が多いと思われているようであるが、事実は逆なのである。銀行というところは、多くの人から借りて、一部の人に貸している。もしも『借りたい人』の方が多ければ、銀行はたちまちつぶれてしまう。サラリーマンでも、儲かる、となれば『貸す』という人が圧倒的に多いはずだ。マンション投資などのインチキ金融にひっかかる人が多いのも、『借りたい人』より『貸したい人』の方が多い何よりの証拠である。つまり、ユダヤ人的に言うならば『貸したい人』七八に対して『借りたい人』二二の割合でこの世は成り立っているのである。このように『金を貸したい人』と『借りたい人』の間にも、この『七八対二二』の法則は存在するのである。

私もかつて『七八対二二の法則』を活用して、何度か儲けさせてもらったことがある。

その実例をお話ししよう。

2 金持ちから儲けさせてもらう

毎年、税務署が年収一〇〇〇万以上の人の氏名を公表する（現在は公表していない）が、私はこのクラスの人々が、会社のお得意さんだと考えている。このクラスの人を相手に商売をすれば、はっきりいってかなり儲けさせてもらえる。

一般大衆にくらべて、金持ちは数こそ少ないが、その名の通り、金持ちが持っている金の方が圧倒的に多い。つまり、一般大衆が持っている金を二二とすれば、わずか二〇万人足らずの金持ちが持っている金は七八になる。つまり七八を相手に商売をした方が儲かるのである。

見事成功！　ダイヤモンド売出し作戦

昭和四四（一九六九）年一二月、私はお歳暮シーズンに、東京のAデパートに出向き「ダイヤモンドを売らせて欲しい」と頼んだ。Aデパートは、とんでもない、という顔をした。

「藤田さん、そりゃ無茶です。今はお歳暮シーズンですよ。いくら金持ちを相手にするといっても、この物要《ものい》りの時に、金持ちだってダイヤには手が出ませんよ」

という。しかし、私は引き下《さ》がらなかった。私のねばりに、ついにAデパートも折れ、支配下にある場末のB店の一角を提供するからやってごらんなさい、と譲歩してくれた。B店は他の店にくらべて、地の利は悪いし、お得意さんの層も薄い。条件は不利だったが、私は喜んでのんだ。

すぐに、ニューヨークのダイヤモンド商に連絡し、手ごろにカットしてもらったダイヤを取り寄せて年末大売り出しに間に合わせたが、これが売れに売れた。

ダイヤモンドはわずか一日限りの商いであったが、一日に三〇〇万円売れれば上々という周囲の声をよそに、五〇〇〇万円の売上を記録したのである。勢いを得て、年末から年始にかけて、私は近畿、四国でもダイヤモンドを売り出したが、どの店でも五〇〇〇万円の売上を確保した。

さすがに、Aデパートも頭を下げて売り場の提供を申し出た。しかし、すでに東京地区はB店で一度売り出しているので、売り場は提供してくれたものの、Aデパートは弱気だった。

「まあ、一日に一〇〇〇万円売れれば結構ですよ」そういうAデパートに、私は、

「いや、期間中に三億円は売ってみせますよ」と豪語したものだ。

狙い所は、〝ちょっとしたぜいたく品〟

こうしてAデパートで、昭和四五(一九七〇)年一二月にダイヤモンドは売り出されたが、一〇〇〇万円で結構どころか、一億二〇〇〇万円のダイヤモンドが売り切れたのである。

さらに、昭和四六年（一九七一）二月には、ついにダイヤモンド・セール期間中の売上は三億円を突破し四国でも売上高は二億円を上まわった。

ダイヤモンドという商品に対するデパート側の考え方は、それまでは車でいえば外車の『キャデラック』や『リンカーン』などの豪華商品という考え方であったが、私は国産の『ブルーバード』や『セドリック』並みの、〝ちょっとしたぜいたく品〟という見方をしていた。つまり、〝庶民でも手の届く高級品〟という見方をしたのが、大成功のもとである、と思っている。

ちょっとしたお金持ちなら必ず欲しがって、しかも現実に手が出るもの――私はその商品こそがダイヤモンドだとにらんだのだ。お金持ちは、正札《しょうふだ》通り、気前よく買ってくださったのである。

3
生活の中に数字を持ち込め

私が、最初に『七八対二二の法則』を持ち出したのは、ユダヤ商法には法則があるということが言いたかったためと、今ひとつは、この法則だけを取り上げても分かるように、ユダヤ人は数字に強いということを強調したかったからだ。

商売人が数字に強くなければならないのは当然のことだが、中でもユダヤ人の数字に対する強さは特筆すべきものがある。それほどにユダヤ人は、ふだんから生活の中へ数字を持ち込んで数字を生活の一部としているからだ。

例えば、日本人は「きょうはバカに暑いですね」とか「少し寒くなったようですな」というが、ユダヤ人は暑さ寒さも数字に換算する。「きょうは華氏《かし》八〇度だ」、「今は華氏六〇度だ」というように、正確に寒暖計の数字を読む。

数字に馴れ、数字に強くなることが、ユダヤ商法の基礎であり、儲けの基本である。もしも、金儲けをしたい、という気持があるならふだんの生活の中へ数字を持ち込んで、数字に馴れ親しむことが大切である。商売の時だけ数字を持ち出してくるのでは遅《おそ》すぎる。

日本人は、理論的に解明できないことに出くわすと、

「不思議ですねえ」

と、首をひねる。

私にいわせるならば、だから金儲けがヘタなのだ。

『不思議』というのは数字の単位である。数字であるからには、理論的に解明できることだ。

「不可思議」より大きい数字──「無量大数」

数字の単位をあげてみよう。

一、十、百、千、万──から始まって、億、兆、京《けい》……ここまでは、誰でも分かる。問題はその先だ。京の次が垓《がい》。それから順に秄《じょ》（または「秭《し》」）、穣《じょう》、溝《こう》、澗《かん》、正《せい》、載《さい》、極《ごく》、恒《ごう》河沙《がしゃ》、阿僧祇《あそうぎ》、那由他《なゆた》、不可思議《ふかしぎ》──ちゃんと数字の単位として存在するのだ。不可思議の次が無量大数《むりょうたいすう》。不可思議はケタが非常に大きいが、無量大数よりは小さな数字である。ところが数字に弱い日本人は、不可思議が数字の単位だと答えることのできる人が果たして何人いるだろうか。

ユダヤ人は、必ず鞄《かばん》の中に対数計算尺を持っている。彼らは数字に対しては絶対の自信を持っているのだ。

ユダヤ商法には法則があり、数字に強くなることがユダヤ商法の第一歩である。

「原則（法則）をはずれたら、金儲けはできない。儲けたくないのなら、何をやってもいい。世の中には、石を刻んで喜んでいる人もいるのだから。でも、儲けたいなら、決して原則をはずれちゃいかん」

ユダヤ人は自信たっぷりにこういう。

果たしてユダヤ商法の法則に間違いはないのだろうか。

「だいじょうぶ。それが間違っていないことは、ユダヤ五〇〇〇年の歴史が証明している」

ユダヤ人は、いつもこう言って胸を張るのだ。

4 世界の支配者、その名は「ユダヤ商人」

戦後の日本経済の成長は、まことにすばらしいものがある。

しかし、戦後の日本をここまで育ててくれたのはユダヤ人なのである。ユダヤ人のバイヤーが、日本から品物を買ってくれたからこそ、日本にドルが貯まり、日本は豊かになったのである。

ユダヤ人——といっても、イスラエル人のことではない。国籍はさまざまである。アメリカ人もいれば、ソビエト（現・ロシア）人もいる。ドイツ人も、スイス人も、褐色の肌をしたシリア人もいる。国籍はばらばらだが、ユダヤ人は、鋭いワシ鼻と、二〇〇〇年の迫害された歴史を持つひとつの民族である。そしてそのユダヤ民族は、今日、世界の支配者として君臨しているといっても過言ではない。

アメリカを支配しているのは、全米の人口の二パーセント足らずのユダヤ人である。また、世界中の全ユダヤ人をかき集めてもたかだか一三〇〇万人。東京一都市の総人口とチョボチョボである。

それでいながら、歴史上の重大発見であるとか、人類不朽の名作などで、ユダヤ人の手になったものは多い。

ちょっと著名なユダヤ人を思いつくままにあげてみても——。

ピカソ、ベートーベン、アインシュタイン、マルクス、イエス・キリスト……。

世界をリードするユダヤ人群像

そう、イエス・キリストもユダヤ人なのだ。世の中には、キリストを殺したのがユダヤ人であって、キリストはユダヤ人ではないと思っている人が多いようだが、キリストだってユダヤ人である。

ユダヤ人の信仰するユダヤ教は、一つの神しか認めない。まして『神の子』など、存在するはずはない。だから、ユダヤ人は自らを『神の子』と称《しょう》したキリストを認めなかっただけだ。

「ユダヤ人がユダヤ人を処刑して、そのために世界中の人々から二〇〇〇年も迫害され

続けた。こんなバカな話がありますか。キリストの処刑は、我々と何の関係もないし、世界の人々とも関係のないことですよ」

こと、キリストのこととなると、ユダヤ人はこういってボヤくのである。

自由世界のシンボルのキリストがユダヤ人であれば、共産主義の〝神様〟マルクスもユダヤ人である。

「資本主義と共産主義の睨み合いも、いってみれば、二人のユダヤ人の思想の対立にすぎません。どちらもわれわれの同胞ですよ」

米ソが睨み合うたびに、ユダヤ人はこういって熱い関係に水を差す。

世界の財閥ナンバー・ワンのロスチャイルド、天才画家ピカソも、二〇世紀の偉大

な科学者アインシュタインも、第二次世界大戦時のアメリカの大統領だったルーズベルトも、そして、歴史的な米中接近の立役者米大統領特別補佐官のキッシンジャー……いずれもユダヤ人なのである。しかし、私にとっては、それよりももっと重大なことは、欧米の名だたる商人の大半がユダヤ人であるという事実である。

私は、貿易商として、欧米で商売をしようとすれば、好むと好まざるとにかかわらず、ユダヤ人を窓口とする以外にないのである。ユダヤ商人は、世界を支配しているのだ。

5

「きれいな金」、「きたない金」はない

日本人は金儲けをする時にも、金の氏素姓《うじすじょう》についてやかましい。水商売とか、連れ込みホテルなどからあがる金は「きたない金」、コツコツ働いて不当に安く支払われた労賃は「きれいな金」というふうに区別したがる。私にいわせるなら、これほどナンセンスな考え方はない。

ラーメン屋の金に、「この金はラーメン屋をして儲けた金です」とは、決して書いてはない。バーのマダムの財布の中の千円札にも「これは酔客からふんだくった金です」とは書かれてはいない。金には、氏素姓も履歴書もついてはいない。つまり、金に「きたない金」はないのだ。

6 現金主義に徹すること

ユダヤ人の現金主義は徹底している。ユダヤ商法では、天変地異や人災から、彼の明日の生命や生活を保障するのは、現金以外には考えられないのである。ユダヤ人は、銀行預金すら信用しようとはしない。現金一本槍である。

商取引を行う相手をも『現金主義』で評価する。

「あの男は、キャッシュにすれば、きょういくら持っているか」

「きょうのあの会社は、キャッシュに換金するといくらになるか」

評価はすべて「キャッシュにすれば」で行われる。一年後には取引相手が億万長者になることが確実であっても、明日、その男の一身上に異変が起こらないという保証はない。人間も社会も自然も、毎日毎日変わっていく、というのがユダヤ教の神の摂理であり、ユダヤ人の信念なのである。変わらないのはキャッシュだけなのだ。

7 利息目当ての銀行預金は損だ

ユダヤ人が銀行預金すら信用しないのは、理由がある。

銀行に預金すると、確かに利息が入り預金はふえていく。しかし、預金が利息を生んでふえていく間にも、物価は上がり、それに比例して貨幣価値は下がっていく。しかも、もし本人が死亡したら、相続税としてゴッソリ国に吸い上げられる仕組みになっている。どんなに膨大な財産でも、三代相続すればゼロにしてしまうというのが、税法上の原則である。これは世界中、どの国でも共通のようだ。

現在の日本では、無記名預金制度もないわけではないが、この制度は誰でも利用できるというわけでもないようだし、いずれは西欧諸国のように廃止されるに違いない。とすれば、財産はキャッシュで保有しておいた方が、遺産相続税をごっそり持っていかれずにすむ。

このように、遺産相続税ひとつを取ってみても、最終的には銀行預金は損である、というのがユダヤ人の考え方である。

一方、キャッシュは、利息がつかないからふえることもない。しかし、銀行預金のように証拠はないから、遺産相続でごっそり持っていかれることもない。だから、ふえもしないかわりに決して減ることもないのだ。ユダヤ人にとって「減らない」ということは「損をしない」ということの最も初歩的な基本なのである。

8 貸し金庫は安全ではない

昭和四三（一九六八）年の秋、私はニューヨークのアクセサリー商、デーモンド氏のオフィスを訪問した。断るまでもなく、アメリカの一流アクセサリー商であるからにはユダヤ人である。デーモンド氏は、かねてから私に銀行無用論を説いている男でもある。

その時、私はぶしつけに言った。

「デーモンドさん、あなたのキャッシュを見せていただけませんか。もし差しつかえなければ……」

デーモンド氏は気軽に承諾してくれた。

「いいですよ。明日、銀行に来て下さい」

翌朝、私はデーモンド氏と銀行で落ち会った。デーモンド氏は、銀行の地下にある薄暗い金庫の奥の方へ案内してくれた。

デーモンド氏が開けて見せてくれた金庫は壮観だった。金庫の中は各種の紙幣と金塊がびっしりと積まれている。日本円に換算してざっと二、三〇億円はあったと思う。

紙幣は新しいものもあれば、これが今でも通用するのかと思われるような、五、六〇年前の古びたものまであり、それらが、きちんと整理して束ねられ、積み重《かさ》ねてあった。

デーモンド氏は、銀行へ〝預金〟しているのではなく、安全に「管理」されているだけなのである。

銀行の金庫はハリコの虎か

昭和四五（一九七〇）年一月、商用で来日したデーモンド氏が私のオフィスを訪ねて来た時、私はニューヨークでのお返しの意味もこめて「きょうは私の金庫をお見せしましょう」と申し出た。私の金庫は、私の会社と同じビルの一階にあるＳ銀行新橋支店の金庫室にある。

エレベーターで地下一階に降りると、入口で受付嬢が愛嬌たっぷりに言った。

「いらっしゃいませ。藤田さんですね。何番でございますか」

私が番号を言うと、受付嬢はキイで私の金庫をあけてくれた。

「オー・ノー」

オフィスへ帰ってくると、デーモンド氏はオーバーなゼスチュアで私に忠告した。

「私は、あんな危険な金庫は絶対にいやだね。エレベーターで降りるとすぐに金庫の受付があって、しかもそこにいるのは若い女性じゃないか。もしも、銀行ギャングが機関銃を構えて現れたら、誰がどのようにして、あなたの財産を守ってくれるのかね。そんな金庫に、私は自分の財産を預ける気にはなれないよ。金庫は絶対的な安全を保証できる場所にあるべきだ。日本の銀行の金庫は、ハリコの虎みたいなものじゃないか。いざという時何の役にも立たないね」

デーモンド氏は恐ろしそうに首をすくめた。そして、初めて見た日本の金庫のことがよほど気になったらしく、しつこいほどブツブツ言った。

「私が銀行の金庫にキャッシュを保管するのは、絶対安全に私の財産を保護してくれるからだ。日本の銀行の金庫は、単なる銀行サービスのひとつの現れにすぎない。あまりにも危険がいっぱいすぎる……」

ただでさえ銀行を信用しようとしないユダヤ人にとって、日本の銀行の金庫は、とてもキャッシュを保管できる代物ではないようだ。

9 女を狙え

「ユダヤ商法に商品はふたつしかない。それは女と口である」

私は二〇年近い貿易商生活の中で、ユダヤ人から何度、この言葉を聞かされたか分からない。ユダヤ人にいわせると、これは『ユダヤ商法四〇〇〇年の公理』なのだそうだ。しかも『公理であるから証明は不要』なのだという。

証明の代わりにいささか説明をつければ、こういうことだ。

ユダヤ人の歴史は、旧約聖書以来、昭和四七（一九七二）年は、五七三二年にあたる。ユダヤ人のカレンダーには、昭和四七年という代わりに『五七三二年』と書いてある。そのユダヤ五七〇〇年の歴史が教えるところでは、男というものは働いて金を稼いでくるものであり、女は男が稼いできた金を使って生活を成り立たせるものである。商法というものは、他人の金を巻き上げることであるから、古今東西を問わず儲けようと思えば、女を攻撃し、女の持っている金を奪え――というのである。これがユダヤ商法の公理であり「女を狙え」というのはユダヤ商法の金言なのである。

商才が人並み以上備わっていると思う人は、女を狙って商売すれば、必ず成功する。ウソだと思うのなら、試しにやってごらんになるとよい。絶対に儲かる。

反対に、商売で男から金を巻き上げようと思うと、女を相手にするより一〇倍以上もむずかしい。というのは、もともと男は金を持たないからである。はっきり言えば、金を消費する権限を持っていないのだ。

ことほどさように、女性相手の商売はたやすい。

妖しくきらめくダイヤモンド。豪華なドレス。指輪、ブローチ、ネックレスなどのアクセサリー。高級ハンドバッグ。

そうした商品は、そのいずれもがあふれるばかりの利潤をぶらさげて商人を待っているのだ。商売人たるもの、これを避けて通る手はない。襲いかかって、カバン一杯の利潤をむさぼるべきである。

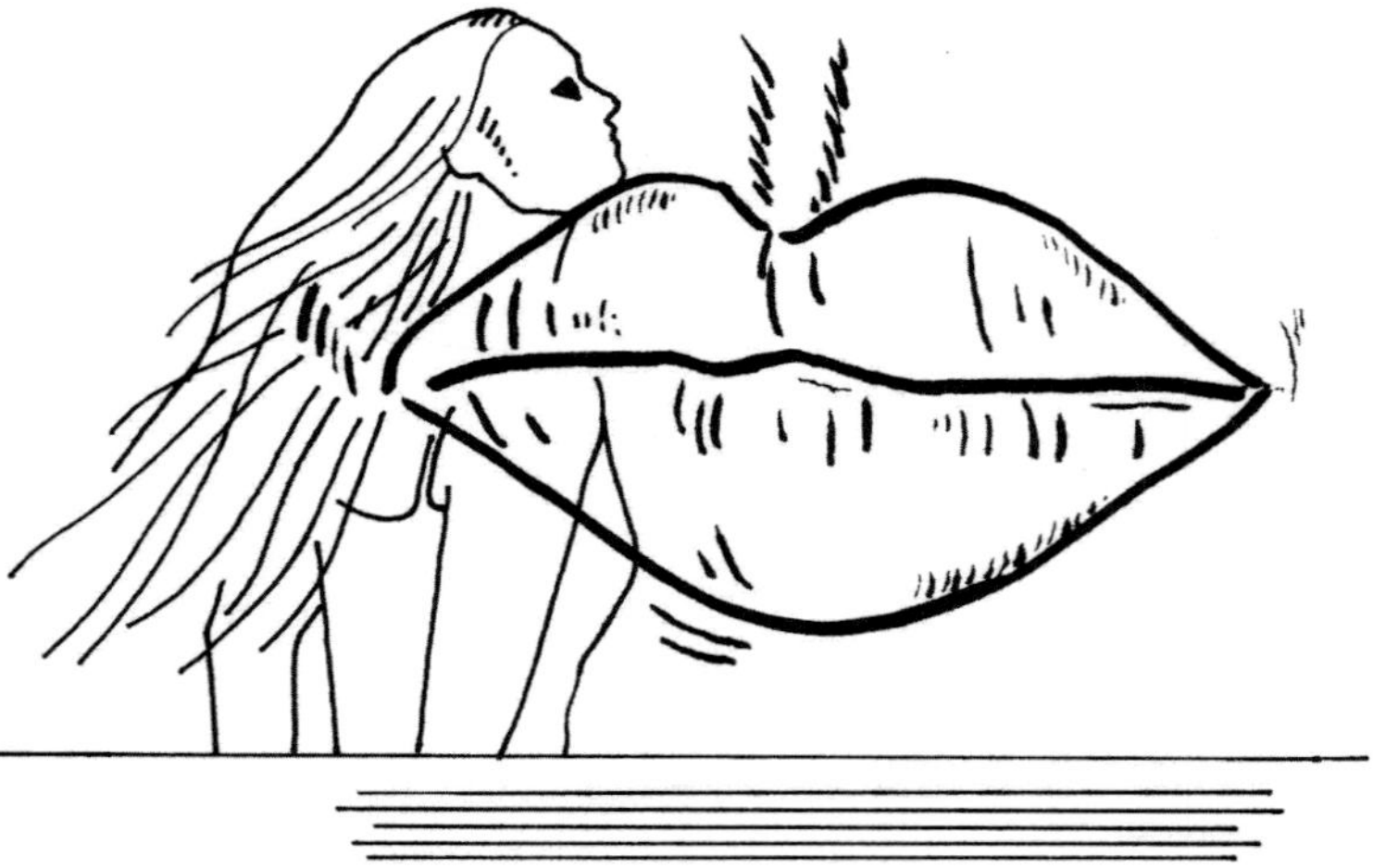

10 口を狙え

女性用品はたやすく儲かるが、これを扱うにはある程度の才能が必要である。商品の選択からセールスまで〝商才〟が必要だ。

しかし、ユダヤ商法の第二の商品である『口』は、凡人でも、凡人以下の才能しかない人でもできる商売なのだ。『口』――つまり、『口に入れるものを取り扱《あつか》う商売』のことである。

例えば、八百屋、魚屋、酒屋、乾物《かんぶつ》屋、米屋、菓子屋、くだもの屋が、そうであるし、それらの食品を加工して販売する、料

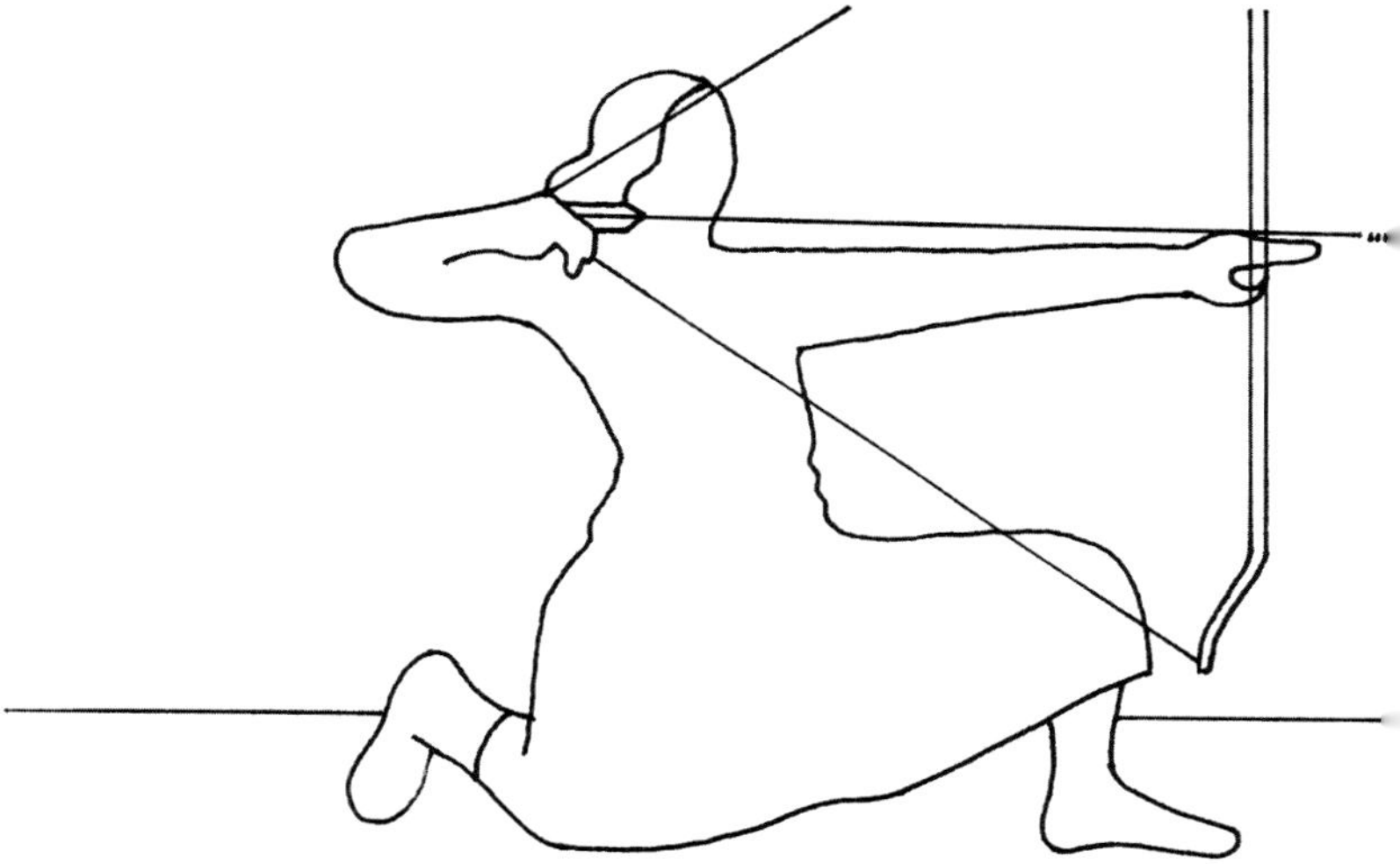

理屋、飲食店、レストラン、バー、キャバレー、クラブのたぐいもそうだ。極言すれば、口に入れるものであれば、毒薬でもかまわない。口に入れるものを扱う商売は、必ずお金が入ってくるし、儲かる商売なのである。

口に入れるものを取り扱う商売が儲かることは、科学的にも説明できる。

口に入ったものは、必ず、消化され、排出される。一個五〇円のアイスクリームも、一枚一〇〇〇円のビフテキも、数時間後には廃棄物となって脱糞される。つまり、口へ入れられた〝商品〟は、刻々と消費され、数時間後には次の〝商品〟が必要になってくる。売られた商品がその日のうちに消費され、廃棄されていく。こんな商品はほかには存在しない。土曜日も日曜日も、一日の休みもなく稼いでくれるのは銀行預金の利息と、この『口に入れる商品』だけだ。だから、確実に儲かる。

といっても、口に入れる商品は、女性用品ほど、たやすく儲けることはむずかしい。ユダヤ商法で、女性用品を『第一の商品』とし、口に入れる商品を『第二の商品』としている理由もここにある。

ユダヤ人につぐ商才を持つ、といわれている華僑に、この第二の商品を扱う人が多い。ユダヤ商人が自らを「華僑より商才がある」としているのは、ユダヤ商人の多くは、第一の商品を取り扱っているからなのである。

ハンバーガーで日本人を金髪に改造するぞ

私はハンドバッグやダイヤモンドなどの、第一の商品を取り扱ってきたが、今年から第二の商品にも手を出した。『日本マクドナルド社』という会社を作り、そこの社長に就任したわけだが、この会社はアメリカ最大のハンバーガー・メーカーのマクドナルド社と提携して、日本人にハンバーガーを安く食べさせようという会社である。

日本人は総体的に蛋白質のとり方が少ない。だから、背は低いし、体力がない。国際的な競争に打ち勝つには、まず、体力から作らなければならない。私がハンバーガーに手を出したのも、日本人の体質を変えようと思ったからでもある。

日本人が肉とパンとイモのハンバーガーを、これから先、一〇〇〇年ほど食べ続けるならば、日本人も、色白の金髪人間になるはずだ。私は、ハンバーガーで日本人を金髪に改造するのだ。

欧米では、ネクタイ一本にしても、金髪で青い眼の人に似合う柄とか、褐色の髪にグレイの眼をした人に似合う柄だとか、髪の色と眼の色に合わせて、似合う柄がデザインされている。

ところが、日本人は全員、黄色い肌に黒髪黒眼である。となると、似合う色は一色しかない。忠臣蔵の色――浅黄色という、水色。これしかない。デザインの分野が日本で発達しなかったのも、似合う色が一色しかなかったからだ。

黄色い肌と黒髪黒眼の日本人は、典型的な一民族一国家である。こんな単純な国をコントロールできないような政治家や財界人では、世界制覇などは、夢物語にすぎない。

日本人が金髪になる時こそ、日本人が世界に通用する人間になる時だ。日本人が金髪になる日まで、私は、一生懸命にハンバーガーを食べさせる。

11

判断の基礎は外国語だ

商取引において最も肝心なことは、判断が的確で、しかも迅速であるということである。ユダヤ人と商売をしてみて、まず驚かされるのは、彼らの判断の速さと確かさである。

ユダヤ人は、世界をまたに飛びまわっているだけに、最低二カ国語はマスターしている。自国語でものを考えながら、同時に外国語でも、ものを考えることができるということは、違った角度から幅《はば》広く理解ができるということであり、国際商人としては大変な強味である。そのために、自国語しかしゃべれない商人より、はるかに的確な判断が下せるのだ。

例えば、ユダヤ人がよく使う英語に「ニブラー」＝ｎｉｂｂｌｅｒ＝という単語がある。これは〝ｎｉｂｂｌｅ《ニブル》〟という動詞から出た単語で〝ｎｉｂｂｌｅ〟は、魚釣りをする時に魚が餌をコツコツとつつく状態をいう。

魚は〝ｎｉｂｂｌｅ〟の状態から、ちゃっかりと餌だけ取って逃げるか、釣り針にかかって釣り上げられるか、どちらかである。このちゃっかりと餌だけいただいて逃げてしまうような手を使う商人のことを「ニブラー」というのだが、日本語にはこの「ニブラー」に相当する単語がない。そこで、日本語だけしか話せない商人は、「ニブラー」が理解できないから、まんまと「ニブラー」に餌だけ食い逃げされてしまう。逆に考えるなら、そんな日本人は「ニブラー」にもなれない。ユダヤ商人の中には、この「ニブラー」もかなりいるから、通訳を間に立てて商談をしていたのでは「ニブラー」の餌になるだけだ。

国際商人の第一関門——英語

また、日本語しか話せないということは、その人間の考え方は、せいぜい儒教か仏教精神を基盤としてしか展開できないといってもいい。そこで、たまたま儒教や仏教にはまったく素養のない相手にぶつかると、意思の疎通を欠き、はなはだしい時は、応対方法すら分からなくなって立ち往生してしまう。これでは商談がうまくまとまるはずがない。

金儲けを志すならば、せめて英語ぐらいは自由にあやつってもらいたいものだ。世界で最もむずかしいといわれている日本語を自由自在にあやつっている日本人に、簡単な言語の英語がしゃべれないという方がむしろ不思議である。

私は、あとで書くが、学生時代にブロークン・イングリッシュではあるが、英語をマスターしたお蔭で、今日『銀座のユダヤ人』といわれるほどの、いささかの富と、国際商人としての地位を得たのである。

英語がしゃべれるということは、金儲けの第一条件であり、英語と金は不可分なものであると思っても差しつかえない。

12 暗算を得意とすべし

ユダヤ人は暗算の天才である。暗算が速いというところに、彼らの判断が迅速であるという秘密がある。

あるユダヤ人を日本のトランジスタラジオの工場へ案内した時のことだ。しばらくの間、じっと女子工員の作業を眺めていたユダヤ人は、やがておもむろに工場の案内係にたずねた。

「彼女たちの一時間当たりの賃金はいくらですか」

係員は目を白黒させて計算を始める。

「えーと、彼女たちの平均給与は二万五〇〇〇円だから、実働二五日として、一日一〇〇〇円。一日は八時間労働だから、一〇〇〇〇円を八で割ると、一時間は一二五〇円。一二五円はドル、いや、セントに換算すると……」

計算の答えが出るまでに、たっぷり、二、三分はかかる。ところが、ユダヤ人の方は、月給二万五〇〇〇円と聞いた途端「そうすると、一時間が三五セント見当だな」と答えを出しているのだ。工場の係員が答えを出すころには、女子工員の数と生産能力や原料費などから、トランジスタラジオ一台当たりの自分の儲けまで、はじき出している。

暗算が速いがために、ユダヤ人は常に迅速な判断が下せるのである。

13 必ずメモを取れ

ユダヤ人は、重要なことは、どんな場所ででも、必ずメモを取る。このメモが、彼らの判断の正確さにどれほど役立っているか分からない。

メモを取る、といっても、ユダヤ人はいつもメモ帳を片手に歩いているのではない。ユダヤ人のメモ帳はタバコの空き箱を代用したものである。ユダヤ人は、タバコを買うと、中身はすぐにシガレットケースに移しかえるが、空き箱は捨てずにポケットへ入れておく。たまたま、商談などで、記録が必要になった時は、この空き箱を取り出して、その裏側にメモを取る。このメモは、あとでメモ帳に整理して記録される。タバコの空箱のメモを取ることで、ユダヤ人はユダヤ商法に〝あいまいさ〟が生じることを許さないのだ。迅速に的確に判断を下しても、肝心の日時、金額、納期などがあいまいであっては、なんにもならないからだ。

日本人は、重要なことを聞き流し、うろ覚えのままですましてしまう悪癖がある。

「あの時の話では、納期は確か○月○日だったでしょう。それとも×日でしたかな」

そう言って平然としている。時には、わざとあいまいさをおトボケに利用する。しかし、相手がユダヤ人では通用しない。

「あ、思い違いでした。△日でしたね。私はてっきり○日だと思っていたものですから」

などと弁解してもすでに手遅れ。契約破棄、債務不履行にかかわる損害賠償請求——といった方向へ事態が進展しないとも限らない。

ユダヤ商法には、あいまいさはないし、思い違いもないのである。ちょっとしたことでも、面倒がらずにメモを取るべきである。

14

雑学を積むべし

　ユダヤ人とつき合ってみるとよく分かるが、ユダヤ人は『雑学博士』である。しかも、それが通りいっぺんの浅い知識ではなく、博学なのである。ユダヤ人と一緒に食事のテーブルを囲むと、彼らの話題が、政治、経済、歴史、スポーツ、レジャーと、あらゆる分野にわたって、豊富であることに驚かされる。

　ユダヤ人は、商取引にはまったく関係がないと思われるようなことも、実によく知っている。大西洋の海底に棲んでいる魚の名前、自動車の構造、植物の種類――などに関する知識ですら、専門家に近い知識を持っている。

　こうした豊富な知識が、ユダヤ人の話題を豊富にし、人生を豊かにしていることはいうまでもないが、商人としての的確な判断を下すためにどれほど役立っているかは、はかりしれないものがある。雑学に支えられた広い視野。その視野に立って、ユダヤ人は正確な判断を下してくるのである。

「商人はソロバンさえできればよろしい」という日本的な考え方が、いかに視野の狭い、非ユダヤ商法的な考え方であるか、改《あらた》めて論じるまでもない。

物事を一つの角度からしか眺められない人間は、人間としても半人前だが、商人としても失格である。

短小コンプレックスの解決法

日本人は、男なら「短小」、女なら乳房が小さいという悩みの持ち主が多い。ユダヤ人はY談《わい》がきらいだが、たまたまある時に、そんな話になった。ユダヤ人はその時、こともなげに言ったものだ。

「上から見るからいけないんだよ。鏡に映して正面から見るといい。短小コンプレックスも、乳房が小さいというコンプレックスも吹っ飛んでしまう。物事はなんでも同じだが、上から見たり、下から見たり、角度を変えてみるべきだよ」

15

今日のケンカは明日に持ち越さない

ユダヤ商人は商談の席につく時はいつもニコニコしている。晴れた朝はもちろん「グッド・モーニング」だし、嵐の朝でもニコニコして「グッド・モーニング」だ。

ところが、いざ商談に入ると、たいていは難航する。

ユダヤ人は、こと金銭に関する取り決めは、うるさくて細かい。マージンの一銭一厘、契約書のちょっとした書式にも、口角泡を飛ばさんばかりで、時によるとかなり激しい口論になる。

ユダヤ人は日本人の得意な『まあまあ主義』は決して認めない。意見が分かれるようなことがあれば、どちらの意見が妥当であるか、徹底的に議論する。激論からののしり合うようになることも珍しくない。商談が一日で円満裡《えんまんり》に成立する、ということはまずない。

初日は、ほとんどはケンカ別れになる。

私も、これまでユダヤ人相手に何度激論を交し、何度ケンカ別れをしたか分からない。

こんな場合、日本人は半ば商談を打ち切るつもりになる。あるいは、打ち切るつもりはなくても、ケンカした手前、相当の冷却期間をおかないと、テレくさくて相手の顔をまともに見られたものではない。

ところが、ユダヤ人は、ケンカ別れをした翌日、ケロリとした態度で、ニコニコ笑いながら「グッド・モーニング」とやってくる。

こちらとしては、前日のケンカの興奮はおさまりきっているわけではないから、唖然とするか、当惑するか、いずれにしても不意をつかれたような気持になる。

「何が〝グッド・モーニング〟だ、この毛唐《けとう》。きのうのことを、まさか忘れちゃいないだろうな、ベラボーめ！」

そう、怒鳴りたい気持をグッと噛み殺して、つとめて平静を装いながら、手を差しのべる。しかし、心中の動揺はいかんともしがたく、落ち着かない。

こうなると、七分通り敵の術中に陥ってしまったのも同然で、敵はこちらの動揺を見すかしたようにニヤニヤしながらも、主導権を握《にぎ》って攻め立ててくる。しどろもどろで応戦していて、気がついた時は敵の思い通りの条件をのまされてしまっていた、というようなことになる。

〝忍耐〟を支える論理

ユダヤ人に言わせるとこういうことだ。

「人間の細胞は刻々と変化し、日々に新しくなっている。だから、きのうケンカした時のあなたの細胞は、今朝は新しい細胞と入れ替わっている。満腹の時と空腹の時でも考えは違《ちが》うものだ。私はあなたの細胞が替わるのを待っていただけだ」

ユダヤ人は二〇〇〇年の迫害された歴史の中で得た忍耐の積み重ねを決してムダにはしていない。忍耐しながらも取るべきものは取るというユダヤ商法をあみ出しているのである。

「人間は変わる。人間が変われば社会も変わる。社会が変われば、ユダヤ人もきっと甦る」

これはユダヤ人が二〇〇〇年の忍耐の中から得た楽観主義であり、ユダヤ人の歴史の中から生まれた民族精神である。

16

辛抱よりは〝見切り千両〟

ユダヤ人は、相手の気持が変わるまで、辛抱強く待つ反面、ソロバン勘定に合わないと分かれば、三年はおろか、半年と待たないで手を引いてしまう。

ユダヤ人がある商売に、資金、人力を投入しようと決めたとすると、彼は、一カ月後、二カ月後、三カ月後の三通りの青写真を準備する。

一カ月経ち、事前の青写真と現実の実績の間にかなりのズレがあったとしても、不安そうなそぶりや動揺はまったく見せない。どしどし資金と人力をそそぎ込む。

二カ月経って、同じように青写真と実績の間に開きがあったとしても、ユダヤ人は一層補強投資をするだけだ。

問題は三カ月目の実績である。ここで青写真通りに行かない場合は、将来、商売が好転するというはっきりした見通しがつかめない限り、思い切りよく手を引いてしまう。手を引くということは、それまで注ぎこんだ資金と人的努力を一切放棄してしまうことだが、たとえそうなったところでユダヤ人は泰然自若《たいぜんじじゃく》としている。商売はうまく行かなかったが、手を引くことで、ガラクタは一切背負い込まないですんだと考えて、むしろサバサバした顔をしているのだ。

ユダヤ人は、最悪の場合に三カ月で注ぎ込む資金は、あらかじめ予測している。その許容限度内の予算で勝負したのだから、クヨクヨすることはない、というのが彼らの考え方である。

「ダルマさん」は商売知らず

ところが、日本人の場合は大変なことになる。

「せっかくここまでやってきたのだから、もうひとふんばりしなくちゃ……」

「今、ここでやめたら三カ月の苦労が水の泡になる」

と、未練を残し、生半可に迷いながら商売を続ける。そして、結局、深みにはまり、再起不能のダメージを受けてしまう。

『桃栗三年、柿八年』とか『ダルマさんは面壁九年』とか『石の上にも三年』などといって、日本人は辛抱強く努力を続けることが成功のための最大の要因であると思い込んでいるが、これではユダヤ商法に太刀打ちすべくもない。二〇〇〇年におよぶ迫害に耐え続けてきたユダヤ人は、すぐに腹を切って死にたがる日本人よりよほど辛抱強い民族である。そのユダヤ人が三カ月しか待たないのだ。

『見切り千両』――これを忘れてはならない。

17 社長は〝売れる会社〟をつくれ

三カ月過ぎて儲からないことがはっきりすると、あっさりその商売から手を引いてしまうほどだから、ユダヤ人は自分の血と汗の結晶で作り上げた会社に対しても、ナニワブシ的感傷は抱かない。商売にそんな感傷は禁物であることは、ユダヤ商人たる者、百も承知している。ユダヤ人が信じるのは三カ月間の数字だけであり、個人的な感情はソロバンにはまったく計上されない。儲けるつもりで商売をやるつもりなら、ドライに、合理主義に徹するべきである。

ユダヤ人は自分の経営する会社ですらも、儲けるためにはなんのためらいもなく手放す。ユダヤ商法では、もし、それが高い利潤を生むのであれば、会社でさえも立派に商品となるのである。

ユダヤ人が、町工場からたたきあげて、苦労に苦労を重ねた結果、ようやく業界の中堅会社へ育てあげた自分の会社を、今が好機とばかりに売りに出した例を、私は数多く見聞きしてきた。好調に利益をあげている時こそ、その会社が高い値段で売れるチャンス、というのがユダヤ商法のソロバンである。ユダヤ人は好成績をあげる会社を作って楽しみ、その会社を売って金を儲けては楽しむ。そしてまた儲かる会社を作って楽しむのだ。ユダヤ式〝会社観〟とは、自分の会社を高く売り飛ばすことである。会社とは、愛の対象ではなく、利益をしぼり出すための道具にすぎない、というのがユダヤ人の冷静な会社観なのである。

そういうわけだから、自分の生命を賭けて儲からない会社を死守する、などというバカバカしいことは絶対にしない。ユダヤ商法の金言に『オフィスで死ね』という言葉があるが、これは「死ぬまで稼げ。死ぬまで商売の手を休めるな」という意味の金言で、会社を死守せよというニュアンスは毛頭ない言葉なのである。

〝結核〟で儲けた米国一流鞄メーカー

『S』という、今日では旅行鞄の代名詞になっている、旅行鞄では世界一の売上を誇《ほこ》るこの会社が今日あるのは、社長の結核のお蔭である。

社長はいうまでもなくユダヤ人である。

S社は、初め、シカゴに本社を置いていた。シカゴの空気は悪い。たまたま肺結核にかかり主治医から南部地方で転地療法をするようにとすすめられたS社の社長は、思いきりよくシカゴの会社を売り払い、南部へ出かけた。しかし南部に落ち着くと、彼は静かに療養に専念する代わりに、そこへ工場を建て、再び旅行鞄を作り出したのである。

シカゴの会社をあっさりと売り払った見切りのよさといい、南部で工場を建ててまで、「オフィスで死ね」というユダヤ商人の掟に忠実であろうとした態度といい、まぎれもなく彼はユダヤ人であった。そして、ユダヤ商法に忠実だったがために、彼は、世界一の旅行鞄王になったのである。

18 契約は神様との約束

ユダヤ人は〝契約の民〟といわれている。それだけに、ユダヤ商法の神髄は『契約』にある。ユダヤ人は、いったん契約したことはどんなことがあっても破らない。それだけに契約の相手方にも契約の履行は厳《きび》しく迫る。契約には甘えもあいまいさも許さない。

ユダヤ人が〝契約の民〟といわれるように、ユダヤ人が信奉するユダヤ教は〝契約の宗教〟ともいわれ、旧約聖書は〝神とイスラエルの民の契約の書〟とされている。

「人間が存在するのは、神と存在の契約をして生きているからだ」

ユダヤ人は、そう信じている。

ユダヤ人が契約を破らないのは、彼らが神と契約しているからである。神様と交わした約束であるから、破るわけにはいかないのだ。

「人間同士の契約も、神との契約同様、破ってはいけない」

ユダヤ人はそう言う。それだけに、債務不履行という言葉は、ユダヤ商人には存在しないし、相手の債務不履行に対しては、厳しく責任を追及し、容赦なく損害賠償の要求をつきつける。

日本人がユダヤ人からなかなか信用してもらえないのは、契約を守らないからである。

19

〝契約書〟も商品である

ユダヤ商人は儲かるとあれば、自分の会社を商品として売り飛ばすほどであるから、神との約束の『契約書』も平気で売ってしまう。ユダヤ商法では、会社や契約書すらも『商品』なのである。信じがたいことだが、契約書を買い取ることを専門にしているユダヤ人もある。契約書を買い取って、契約を売り手に代わって遂行し、利益を稼ぐという商売である。もちろん、買い取る契約書は、信用できる商人がまとめた、安全なものに限られる。

このように、契約書を買い取っては安全に利益をあげるチャッカリ屋を『ファクター』という。『ファクター』という商売は、日本にはないし、適当な日本語訳もない。一般に英語の〝factor《ファクター》〟は「仲買い人」とか「代理商」などと訳されているが、どちらも適切な訳とはいえない。

しかも、貿易商は大なり小なりファクターと接触している。日本の大手商社も例外ではない。とくに海外へ派遣されている商社マンは全員といっていいほど、ファクターと関係を持っているはずである。

ユダヤ人のファクターは、私の会社へもやってくる。

「コンニチワ、フジタさん。今、何やってますか」

「うん、ちょうど今、ニューヨークの高級婦人靴商と一〇万ドルの輸入契約を結んだところだ」

「オー、ナイス。その権利、私に譲ってくれませんか。二割のマージンをキャッシュで払いますよ」

ファクターは商売が早い。パッと斬り込んでくる。こちらも素早くソロバンをはじき、二割のマージンに納得すると権利を売る。ファクターはさっそく、契約書を手にニューヨークの靴商のもとへ飛び、

「ミスター・フジタの一切の権利は、今後は私にある」

と、宣言する。私は、キャッシュで二割のマージンを受け取り、ファクターは高級婦人靴でひと儲けするわけである。

〝契約〟を〝商品〟にしない日本的土壌

ファクターは自分で契約をまとめるわけではないから、よほど信用のおける商人の契約

書でなければ買わない。私も、ファクターをやってみたいとは思うが、契約書を守ることが大の苦手の日本の業者相手では、債務不履行が頻発し、その損害賠償請求に追いまわされそうなので、踏み切れないでいる。

その意味では、日本の商人の作成する契約書は、まだまだ商品になりうるしろものではないのかもしれない。それだけ、正式な商取引という面では、日本は後進国なのである。

20 首吊り人の足をひっぱれ

〝バンザイ屋〟商法はユダヤ商法ではない

ファクターと似ているようで、まったく違うのが『バンザイ屋』である。『バンザイ屋』はユダヤ商法と思われているが、あれはユダヤ商法ではない。

彼らの手口を紹介しよう。

『バンザイ』――つまり、お手上げ、または、お手上げ寸前の会社のことである。バンザイ屋は、バンザイ寸前か、バンザイ直後のメーカーを嗅ぎまわり、獲物を見つけると、ハゲタカのように襲いかかり、それこそ涙も出ないような値段で買い叩く。

バンザイ側は、少しでも負債を少なくしたい一心から、泣く泣く買い叩きに応じる。バンザイ寸前の会社は、倒産を一日でも延ばそうとしてバンザイ屋の条件をのみ、結局、ニッチもサッチもいかなくなって倒産する。

『バンザイ屋』も、バンザイ寸前のメーカーを狙っている間は、まだ、愛敬があるが、もっと悪質なバンザイ屋になると、目をつけた会社やメーカーを、策を弄して倒産させることがある。私も、一度、この悪質な『バンザイ屋』に引っかかり、当時のアメリカの大統領であったケネディに直訴したことがあるが、このことは、あとでくわしく述べる。

バンザイ屋は、日本のメーカーの事情にくわしく、バンザイがあると、その報が三時間後にはニューヨークに伝わる。

「フジタさん、Aメーカーは倒産したでしょう。あそこの製品をあっせんして下さい」

私が知らない間に、ニューヨークのバンザイ屋からこうした情報が入って、驚かされたことも何度かある。

21

“国籍”も金儲けの手段なり

うまい金儲けは、手を汚さないでもできる。ファクターでもバンザイ屋でもなく、十パーセントのマージンを取って領収書を売買している『領収書屋』などは、その典型的なものだろう。

手を汚さずに、毎月巨万の収入を得ている代表的なユダヤ人に、私の友人ローエンシュタイン氏がいる。ローエンシュタイン氏はニューヨークのエンパイアステートビルの前に、一二階建てのビルを持ちそこにオフィスを開いているが、国籍はリヒテンシュタイン。本社もリヒテンシュタインにある。といっても、生まれながらのリヒテンシュタイン人ではない。国籍は買ったものである。

リヒテンシュタインという国は、国籍を売ってくれる。定価は七〇〇〇万円。以後は、どれだけ収入があろうと、年間九万円の税金をおさめるだけでオーケー。貧乏人も金持ちも税金は一率九万円で、それ以上はいかなる名目の税金も取られない。だから、リヒテンシュタインは世界の金持ちのあこがれの国であり、国籍購入希望者が殺到しているのだが、もともと人口一万五〇〇〇人という小国、おいそれと国籍は売ってくれない。ローエンシュタイン氏は、そのリヒテンシュタインの国籍を買った男である。抜け目のない男であることはいうまでもない。

大企業の鼻面《づら》をつかむ

ローエンシュタイン氏が最初に目をつけたのは、オーストリアで先祖代々、ガラス製のイミテーション・ダイヤモンドのアクセサリーを作っているダニエル・スワロスキー家である。同家はオーストリアの名門で、その会社は、日本でいえば新日鉄（現・新日鐵住金）のような大会社である。

第二次世界大戦後、スワロスキーの会社は、大戦中、ナチの命令でドイツ軍の双眼鏡などの軍需品を作っていたことを理由に、フランス軍に接収されそうになった。

ローエンシュタイン氏は、当時はアメリカ人だったが、そのことを知ると、ただちにダニエル・スワロスキー家と交渉した。

「私が接収を免れるようフランス軍と交渉してあげましょう。条件は、交渉が成功したら、あなたの会社の販売代理権を譲っていただき、売上の一〇パーセントを私の生存期間中いただくこと。これでどうでしょう」

スワロスキー家は、ユダヤ人のあまりにも虫のよすぎる条件にカンカンになったが、冷静に考えてみると、背に腹はかえられない状況に追い込まれている。

結局、スワロスキー家は条件をのんだ。

ローエンシュタイン氏は、さっそく、フランス軍司令部におもむいて、丁重に申し出た。

「私はアメリカ人のローエンシュタインと申します。本日、ただいまから、スワロスキーの会社は私のものになりました。従って、あの会社はアメリカ人の財産です。でありますから、フランス軍による自由な接収はお断り申し上げます」

フランス軍は唖然としたが、アメリカ人の財産とあってはどうにもならない。接収はあきらめて、ローエンシュタイン氏の言い分を通さざるを得なかった。

その後、ローエンシュタイン氏は、一文も投じることなく手に入れたスワロスキーの会社の販売代理会社を設立し、せっせと稼ぎまくっていた。

ローエンシュタイン氏の巨富の元手で

私は、これまでに何度か、ニューヨークのローエンシュタイン氏のオフィスを訪れたことがある。ビルの受付で、アポイントメントはとってある旨を告げると、エレベーターに案内される。そして、エレベーターがとまり、ドアが開いたところがローエンシュタイン氏のオフィスの中なのである。

オフィスにいるのは、ローエンシュタイン氏と女のタイピストの二人だけ。タイピストは、世界中のアクセサリー商へ発送する請求書と領収書作成のために、執務《しつむ》時間いっぱいタイプを打ち続けるのが一日の仕事だという。

ローエンシュタイン氏が築いた富の元手は『アメリカ国籍』だけである。彼はアメリカ国籍を元手にスワロスキー家と契約をしたのだ。しかも、その元手のアメリカ国籍も不要になると、さっさと『リヒテンシュタイン国籍』に乗りかえ、年間九万円の税金を払っているだけである。

これがユダヤ商人なのだ。

22 税金分だけ余分に儲けろ

ユダヤ人がリヒテンシュタインの国籍を買いたがるのは、税金が安いからである。ガッポリ稼ぐユダヤ商人にとって、税金は無視できない問題である。

しかし、ユダヤ人は税金はごまかさない。税金はいわば国家との契約である。契約はどんなことがあっても守るユダヤ人にとっては、脱税は国に対する契約違反にほかならない。日本の商人が、時折りやるような、会計の専門家を雇って税金をごまかすようなことは、絶対にしない。

迫害され続けてきたユダヤ人は、税金を払うという約束で、その国の国籍を与えられていると思っているのだ。税金に対しては厳正である。

そうはいってもむざむざ税金をとられっ放しにされるユダヤ人ではない。税金を払ってもちゃんと釣り合うような商売をする。つまり、利益計算をする時に、税金分をあらかじめ差し引いた利益をはじき、それで商売をするのである。

「五〇万円の利益があった」

という時、日本ではその利益が「税込み」の利益であるのに対して、ユダヤ人のいう利益は「税引き後」の利益なのである。

「この取引で、私は利益として一〇万ドル欲しい」

とユダヤ人がいう時には、その一〇万ドルには税金は含まれていない。税金が利益の五〇パーセントとすると、その取引でユダヤ人は日本人のいう二〇万ドルの利益を狙っているのだ。

脱税でオタオタする愚

海外旅行へ出かけた人が、時折り、外地で買い込んだダイヤモンドをこっそり持ち込もうとして、税関で引っかかっているが、私にいわせれば、なぜ、輸入税を払って堂々と持ち込まないのだろうかと不思議でならない。ダイヤモンドの輸入税は、たかだか七パーセントである。輸入税をきちんと七パーセント支払って、ダイヤモンドを買う時に七パーセント値切れば、十分に釣り合うはずだ。日本人には、こんな簡単な計算すらできないものらしい。

それにしても、一言つけ加えるならば、現在の日本の税法なる法律、あれは憲法違反ではなかろうか。何人も法の前で平等でなければならないのに、一方的に累進課税を押しつけてくるのは、どう考えても憲法違反だと思うが、私の考えの方が間違っているのだろうか。

収入が多いということは、それだけ頭を使い体を使い、他人の何倍も働いているということである。それに累進課税をかけるというのはどうも納得がいかない。

外国の『社長』は、その会社の平均サラリーマンの月給の五〇倍というのが標準である。平均給与が日本で一〇万円とすると、社長の給料は五〇〇万円なのである。

日本の社長は、累進課税のお蔭で、メシが食えるだけの金があればいい、と思っている。こんな悲しいことはない。

私自身、非常に低額の社長である。たくさん給料を出したところで、大半は税務署に入るのかと思うと、高給を取ろうという気すら、なくなってしまう。本当は高給が欲しいが、リヒテンシュタインの国籍がとれるまでは、悪税の累進課税に耐えるしかない。

累進課税こそ、私に言わせるなら、諸悪の根源だ。

23 時間も商品――時を盗むな

ユダヤ商法の格言のひとつに『時を盗むな』という言葉がある。この格言は、すぐさま儲けにつながる格言というよりは、ユダヤ商法のエチケットを説いた格言といった方がいい。『時を盗むな』とは、一分一秒といえども他人の時間を盗んではならないことをいましめている言葉である。

ユダヤ人は文字通り「時は金なり」と考えている。一日八時間の勤務時間を、彼らは常

に「一秒いくら」で仕事をしているつもりでいる。タイピストにしても、退社時間がくると、残り一〇文字打てば書類が片づくと分かっていても、ピタリと仕事をやめて帰っていく。「時は金なり」という考え方に徹底している彼らにとって、時間を盗まれることは彼らの商品を盗まれることであり、結局は彼らの金庫の中の金を盗まれることと同じことなのである。

例えば、月収二〇万ドル（一九七二年当時、1ドル＝三〇八円。二〇万×三〇八円＝六一六〇万円）のユダヤ人がいるとすると、彼は一日に八〇〇〇ドル（二四六万四〇〇〇円）、一時間に一〇〇〇ドル（三〇万八〇〇〇円）稼ぐことになる。一分間は一七ドル（五二〇〇円強）弱に相当するわけだ。勤務時間中は、一分たりともくだらない人間に会っているわけにはいかないのだ。彼の場合、そんなことで五分間時間を盗まれたとすると、現金を八五ドル（二万六〇〇〇円強）盗まれたことと同じ計算になるのである。

24 不意の客は泥棒と思え

私の知人に、某有名デパートの有能な若い宣伝部員がいる。彼はかつて市場調査と視察旅行をかねてニューヨークに立ち寄ったことがあるが、その時に、自由時間を有効に過ごそうと考えて、ニューヨークの有名なユダヤ系のデパートへ出かけたのである。そして、その時彼は、せっかく来たのだから、そこの宣伝部の主任に会って帰ろうと思いついた。

受付で宣伝部の主任に会いたいと申し込むと、受付嬢はニッコリと聞き返した。

「アポイントメント（約束の時間）は何時ですか、ミスター」

有能な宣伝部員は目を白黒させたが、すぐに気を取り直して、自分は日本のデパートマンでニューヨークに視察に来たこと、そして自分は仕事に熱心であるから、ぜひ、おたくの宣伝部の主任にお目にかかってお話ししてみたいと思っていること、などをまくしたてた。

「残念ですが、ミスター」

彼は見事に玄関払いを食らわされたのである。

この宣伝部員の寸暇を惜しんでの自発的な同業者訪問は、日本であれば賞讃されるべきことがらである。いきなり面会を申し込むことは、非常識であるにせよ、彼の場合は日本では間違いなく「今どきの若い者にしてはなかなか仕事熱心な感心なヤツ」と、仕事熱心さを賞められることはあっても、非常識であると非難されることはまずない。

しかし、『時を盗むな』をモットーとしているユダヤ人には、そんなナニワブシは通用しない。アポイントメントのない相手の不意の訪問には、絶対に応じない。

「ちょっとこの辺までできましたので……」

「たまには顔を出さないと悪いと思いましたので……」

などと言いながら現れる不意の客は、ユダヤ人にとっては迷惑千万な邪魔者でしかない。『人を見たら泥棒と思え』という日本の格言があるが、ユダヤ商法では『不意の客は泥棒と思え』ということになる。

25

アポイントメントを取れ

そこで商談に欠かせないのが「何月何日の何時から何分間」というアポイントメントである。

面会のアポイントメントを申し込んで、面会時間を三〇分から一〇分間に短縮された時は、相手の三〇分を費やすには価しない、せいぜい一〇分間に見合う程度の用件を持ち込んだのだな、と自戒すべきである。一〇分間ならまだしも、ユダヤ商人は、平気で面会時間を五分間とか一分間と指定してくる。それほどだから、約束の時間に遅れることはもちろん、約束の時間がオーバーすることも許されない。相手のオフィスに入ったら、あいさつはひとことだけにして、ただちに商談へ入るのがエチケットである。

「ハロー。グッド・モーニング。いいお天気ですね。すっかり秋になって気候もいいですねえ。秋になると田舎を思い出しますね。ところで、あなたのお国は?……。ほう、××ですか。こりゃあ、奇縁ですなァ。あそこには、私の兄の嫁の弟がいましてね……」

これでは、いかに兄の嫁の弟がいたにしてもダメ。ユダヤ商人の言葉を借りると、「商談とは、急行列車のすれ違いを利用してのホンの瞬間的な逢瀬《おうせ》に成立させるようなものだ」ということになる。お互いに一分一秒を争う急ぎの道中であることを忘れるようでは、ユダヤ人の相手はできない。

26 『未決』書類は商人の恥

ユダヤ人は、出社すると一時間ほどは『ディクテイト（dictate）』といって、前日の退社後から出社時間までに届いた商取引の手紙の返事をタイプしてしまう。

「今は、ディクテイトの時間だから」といえば、ユダヤ人の間では「万人シャット・アウト」という公認用語である。ディクテイトの時間がすむと、お茶を飲み、それからその日の仕事に入っていく。ディクテイトの時間は、どんなことがあってもユダヤ商人に面会することは不可能だ。

ユダヤ人が『ディクテイト』の時間を大切にするのは、彼らが、即刻即決をモットーとし、前日の仕事を持ち越すことを恥辱と思っているからである。

有能なユダヤ人の机の上には『未決』の書類はない。その人間が有能であるかどうかは机の上を見れば分かるといわれているのもそのためである。日本のオフィスで、上役になればなるほど『未決』の書類が山積し『既決』のケースが空になっている眺めとは、大違いである。

Part II

私自身のユダヤ商法

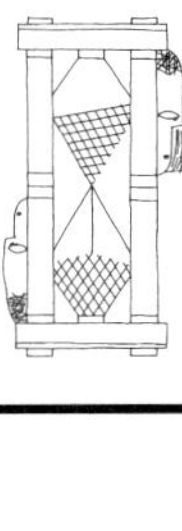

27

"ゼニ"の取れる名前をつけろ

私の名前は藤田田《ふじたでん》。『田』という名前はよほどむずかしいらしく、日本人は必ず首をひねる。素直に「デン」と読んでいただければいいのだが、日本人は物事をむずかしく考えたがるから「デン」と読むかわりに「ウーン」と唸る。そこで、最近では名刺に「デンと発音して下さい」と印刷している。

ところが、外国人にとっては「フジタデン」という名前は実に呼びやすいらしく、いとも気安く「ハロー・デン」といってくれる。少なくとも「何野何兵衛」とか、伝統ある商家に受け継がれている「×屋×右衛門」という名前よりは、よほど覚えやすく、呼びやすいようだ。

私は、正真正銘の日本人でありながら、世界中のユダヤ商人から『銀座のユダヤ人』と呼ばれている。そして、日本の商人を決して信用しようとしないユダヤ人から、仲間同様に扱われているのだ。

私は、ユダヤ人たちと歓談しながら、「デン」という外国人に呼びやすい名前をつけてくれた両親に、どれだけ感謝したか分からない。例えば、私の名前が、『藤田伝兵衛』とか『藤田伝一郎』であったならば、私は別の道を歩いていたかもしれない。

貿易商は、外国人が呼びやすい名前でなければならない。貿易商に限らず、インターナショナルな人間であるためには、外国人に親しみやすい名前をつけるべきだ、というのが、私の持論である。

私には成城大学一年と成城高校一年の息子がいるが、私は上の子には『元《げん》』、下の子には『完《かん》』という名前をつけた。『元』には「ハジメ」という意味があり、「完」は「オシマイ」だから、子供は二人しかいない。

それはともかく、「ゲン」も「カン」も外国人には呼びやすい名前である。しかも「ゲン」は英語で書けば〝Gen〟、「ジエネラル=将軍」の略称である。〝Gen. Fujita〟と書けば「藤田将軍」である。カッコイイー、外国人が一発で覚えてくれる名前なのだ。『完』は外国人が発音すると「カーン」となるが、「カーン」は〝王様〟という意味だ。カーン・フジタとは『藤田王』のことである。これまた毛唐は一発で覚えてくれる。

私は二人の息子がもしも貿易商の道を歩くならば、「ゲン」と「カーン」という名前で、ずいぶん得をするはずだ、と信じている。

字面にこって名前をつけるのも悪いとはいわないが、子孫に金儲けをさせようと思うなら、外国人が呼びやすくしかも覚えやすいという、ゼニの取れる名前をつけた方が、子供から、のちのち感謝されると思う。

28 差別には金で立向かえ——ユダヤ商法との出会い

私がユダヤ人に興味を抱くようになったのは、昭和二四（一九四九）年に、当時、皇居前の第一生命ビルにあった、連合国軍最高司令官総司令部（General Headquarters）にアルバイトの通訳として勤めるようになってからである。

G・H・Qに勤めるようになって、私は奇妙な連中に気がついた。

将校でもないくせに、日本の女を専属《オンリー》にし、車を乗りまわして、将校以上の贅沢な生活をしている兵隊の存在である。

「一兵卒のくせに、どうして彼だけが優雅な生活をしているのだろう」

私は、贅沢な生活をしている兵隊たちを、それとなく観察しはじめた。

不思議なことに、そんな連中は、同じ白人でありながら、軍の中でも軽蔑され、嫌われているのである。

「ジュウ!」

彼らを蔭で呼ぶ時、兵隊たちは憎々しげに、吐き捨てるような調子でこういう。

「ジュウ」——〃Jew〃は、英語で「ユダヤ人」という単語である。

面白いことに、大多数のGIたちは、ユダヤ人を軽蔑しながら、ユダヤ人にまったく頭が上がらないのだった。ユダヤ人のGIは、遊び好きの戦友たちに金を貸し、高利を取った上に、給料日には厳しく取り立てるのだった。GIたちが、ユダヤ人に頭が上がらない理由もそこにあった。

軽蔑されながらも、ユダヤ人はケロリとしていた。くよくよするどころか、逆に、そういった軽蔑してくる輩に金を貸し、金銭で実質的には征服しているのである。差別されながらも愚痴ひとつこぼさずに強く生きていくユダヤ人に、いつの間にか、私は親近感さえ抱くようになっていた。そして、ユダヤ人を敬遠するどころか、彼らに自分の方から近づいていったのである。

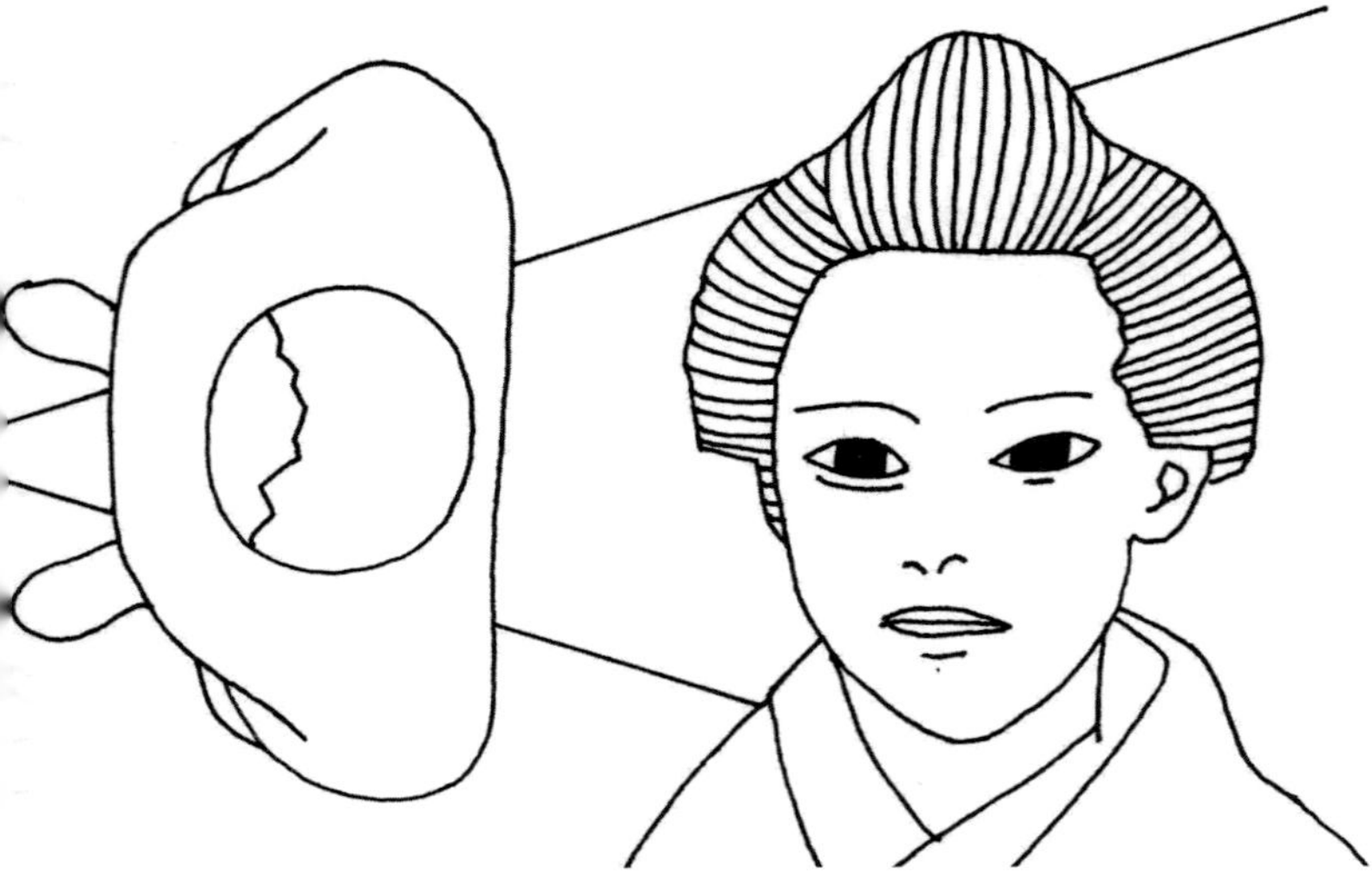

外交官への夢と挫折

私は大阪の生まれである。しかし、大阪商人の子ではない。父親は電気関係のエンジニアだった。だから、私自身、貿易をやって商人として身を立てる考えは毛頭なかった。

小さい頃から、私は外交官になりたかった。近所に栗原さんという外交官の家があって、私はよく遊びに行ったものだが、栗原さんのような外交官になるというのが私の夢だった。

ある時、私は自分の夢を栗原さんに話した。

「君は絶対に外交官にはなれないよ」

即座に、冷たい返事が帰って来た。

「なんでやね」

私は、ムッとなった。

「その大阪弁がいけないんだ。外交官は大阪弁をしゃべる奴はダメだという不文律がある。東京弁じゃなきゃだめなんだ」

栗原さんは哀れむような眼でこう言った。私の外交官への夢は一瞬にして消え去った。

大阪弁というどうにもならないもののために、大阪の人間はユダヤ人と同じように、生まれながらにして、差別されているのである。その差別をはね返そうとするところから、大阪の人間には東京人にないド根性が備わっているといえる。

差別は、相手が劣等な場合の優越感からくるものと、相手が優秀な場合の恐怖感からくるものとの二つの種類がある。

ＧＩたちが「あいつはジュウだ」と指差して差別するのは、ユダヤ人に有り金をすっかり巻き上げられるのではないかという恐怖心から出た差別のためである。同様に、東京の人間が大阪の人間を差別してかかるのは、東京人が大阪人に商売ではかなわないからである。デパートの『大丸』にしても、銀行の「三和銀行（現・三菱ＵＦＪ銀行）」や「住友銀行（現・三井住友銀行）」にしても、映画にしても、全部関西から東京へ攻めのぼったものばかりだ。東京から下って来て成功した商売は皆無といっていい。

私は、これは歴史の古さと大いに関係があると思う。歴史が古いということは、惚れた、だまされた、ケンカした、結婚した——といったことが、歴史の浅い国よりも数多く繰り返されたということである。その繰り返しから、さまざまなケースで起こる問題に対してとるべき最善の手が編み出されている。だから、歴史の浅い国は、歴史の古い国には、逆立ちしてもかなうわけがないのである。

歴史の浅いアメリカ人が、五〇〇〇年の歴史を持つユダヤ人に思うがままにあやつられるのも当然だし、仁徳天皇以来二〇〇〇年の歴史がある大阪人に、四〇〇年の植民地の歴史しか持たない東京人が、かなうわけはない。

そこで、東京の人間は腹立ちまぎれに、大阪弁にインネンをつけて、外交官にはさせない、などと理不尽なことをいう。大阪弁で英語をしゃべるわけではないのだが、そこのところは東京の人間にどう説明したって分からない。

ともかくも、そういうわけで、私は外交官になるのを断念しなければならなかった。

ユダヤ商法見習い時代

G・H・Qの通訳になった当時、私は東京大学法学部の学生だった。父はすでになく、母ひとりを大阪へ残していたが、私は食うための生活費と学資をアルバイトで稼がなければならなかった。敗戦によって、それまでの、哲学、道徳、法律などの一切の価値体系は混乱し、破壊され、生きていくための精神的な支柱は何もなかった。

その時、私に残っていたのは、大阪人独特の「負けてたまるか」という根性だけだった。戦争には負けたかもしれないが、社会の混乱や空腹には負けたくなかった。占領軍にすら、負けたくなかった。

「どうせアルバイトをやるなら、敵地に乗り込んでやれ」

通訳を始めた時は、そんな気持だった。外交官を志したことがあるだけに、八方破れの乱暴な英語だったが、なんとか英語をあやつれる自信はあった。

しかも、ほかの学生アルバイトにくらべ、通訳の報酬は飛び抜けてよかった。一カ月、三、四〇〇〇円のアルバイトが常識だった頃、通訳は一カ月で一万円になった。報酬は少ないよりも多い方がありがたいことはいうまでもない。

敗戦国の人間、黄色い人種——そんな差別をいやというほど味わいながら、私は通訳の仕事を始めた。

生まれながらに大阪弁という言葉のために差別されなければならなかった大阪の人間である私が、「ユダヤ人」だというだけで身に覚えのない差別をされながらも、金を持ってる奴が勝ちさ、といわんばかりに、黙々と同僚のＧＩを金で征服していく、生命力の強いユダヤ人にひかれていった裏には、こうしたいくつもの要因が、複雑にからみ合っていたのである。

ユダヤ商人の持ったくましさは、敗戦ですべての精神的なよりどころを叩きつぶされていた私の目に、これから生き抜いていくための方向を暗示しているようだった。

29 軍隊とは金儲けの場なり

Ｇ・Ｈ・Ｑで私が親しくなった最初のユダヤ人は、ウィルキンソンという軍曹だった。ウイルキンソンも、給料前に破産状態になった同僚へ、高利をとって金を貸していた。貸した金は給料日がくると容赦なく取り立てる。取り立てがむずかしい時には、配給物資を貸金の担保や利息として巻きあげる。巻きあげた配給物資は、さっそく高い値段で転売する。そんな男だから、ウィルキンソンのポケットは、いつもキャッシュの札束で大きくふくらんでいた。

アメリカ軍の軍曹の給料は、当時、月に一〇万円程度のものだったと思う。ところが、ウィルキンソンは、一台七〇万円ほどする車を二台も買い込み、将校でも誰もが囲えるとは限らなかったオンリーを、大田区の大森あたりに囲っていた。休日は、オンリーを車に乗せて、箱根や伊豆、日光へ悠々とドライブする。階級は軍曹だが、暮らしはG・H・Qの上層部以上のものだった。

私は、ウィルキンソンのやり方を、じっと観察した。そして、ユダヤ人が金銭で周囲の人々を支配していく過程を脳裏に刻みこんだのである。

私は知らず知らずの間に、ユダヤ商人の下で、見習い期間に入っていたのである。

ユダヤ商法実習生時代

ウィルキンソン軍曹は、軍からもらう給料からだけでは、とてもこんな豪勢な生活はできない。それができたのは軍の正規の仕事のほかに、金貸し業務を行っていたからである。サイドビジネスをやらない限り、余分の金は入るわけはない。

そこで、私も、G・H・Qの中のユダヤ人と組んで、サイドビジネスを始めた。月給一万円に不服はなかったが、収入が多過ぎて不愉快になることは決してない。

私の人相はどちらかというと中国人に似ている。サングラスをかけて進駐軍の服を着れば、どこから見ても中国系二世である。

差別の原因になっている大阪弁もちょっと細工をすれば、怪しげな日本語のムードが出せる。当時は進駐軍の服はオールマイティだった。私は、サイドビジネスの時は、中国系二世の「ミスター珍」になりすました。

G・H・Qにはウィルキンソン軍曹以外にもユダヤ人が何人かいたが、私は次々と彼らと親しくなり、彼らの最も信頼のおける相棒『ミスター珍』として重用された。

『ミスター珍』として、彼らの儲け口に加担しながら、私はユダヤ商法の実地教育を受けたのである。

30 勝負はタイミングで決まる

昭和二六（一九五一）年、私は東大を卒業し、ただちに藤田商店の看板を掲げた。

私が最初に目をつけたのは、朝鮮動乱の休戦で倉庫に眠っている土嚢《どのう》だった。土嚢をかかえている会社は、倉庫代がかさむばかりだから、引き取り手が現れるならタダでもいいと思っているはずだ、と踏んだのだ。

私は土嚢をかかえている会社に出向いて、引き取ってもいい、と申し出た。私には、それをさばくあてがあった。私が土嚢につけた値段は「タダ」だった。

さすがに土嚢を持っている会社は難色を示した。

「一俵が五円でも一〇円でもいいのですが、タダでは……」

という。

私は五円で買うことにした。土嚢は一二万袋。総額六〇万円の買い物である。

話がまとまると、私はその足で、当時、植民地が内乱状態に陥っていた某国の大使館を訪れた。某国は武器にしろ土嚢にしろ、ノドから手が出るほど欲しいはずだ、とにらんだからである。

私が見込んだ通り、某国の大使館は一二万袋の土嚢に大いに関心を示した。大使自らが膝を乗り出して、見本が見たい、という。

私は、すぐさま、倉庫から見本を選んで、大使館へ持ち込んだ。そして、商談はその場でまとまった。大使館は一袋五円などという捨て値ではなく、正当な土嚢の値段で買い取ってくれたのである。

それから一週間もしないうちに、内乱はおさまり、結局土嚢は日本から積み出されることはなかった。

私はタッチの差で、商売に勝ったのである。タイミングがもう少しずれていたら、土嚢は金を生む商品とはならずに、再びもとの土くれになってしまったことだろう。

商人にとっては、タイミングこそ生命といえる。タイミングの取り方次第で大儲けもできるし、大損もしかねないのである。

31 大損しても納期はまもれ

国内外の同業者は、私のことを『銀座のユダヤ人』と呼んでいる。私はそう呼ばれることに満足し、自分でもそう名乗ってはばからない。私はユダヤ商法を踏襲し、ユダヤ商法を私の商法としている。根底において、私は日本人であることを否定するどころか、日本人であることを誇りにしているが、商人としてはユダヤ商人で結構だと思っている。

今日では、各国のユダヤ人すら、私を『銀座のユダヤ人』と呼び、異邦人《ジエンタイル》に対する態度とは違った、仲間に接する態度で扱ってくれる。世界各地で貿易の実権を握っているのは全部が全部、ユダヤ人である。私が貿易商として各地の貿易商と取引をする上で『銀座のユダヤ人』という肩書きが、どれほど役立っているか、はかり知れない。

もっとも、ここに至るまで、私はユダヤ人から、踏みつけられ、笑われ、そしてあざけられたことは枚挙にいとまがない。しかし、私は、かつてユダヤ人が耐えてきたように、それに耐え抜いてきた。そして、最も苦しかったある事件を耐え抜いた時、ユダヤ人から

『銀座のユダヤ人よ』と呼びかけられたのである。

私が『銀座のユダヤ人』として、世界のユダヤ人から信用されるようになった〝ある事件〟は、やはりここに書きとめておかなければならないだろう。

アメリカンオイルから、ナイフとフォークの大量注文

昭和四三（一九六八）年、私はアメリカンオイルからナイフとフォーク三〇〇万本を受注した。納期は九月一日、シカゴ渡しという条件である。私は、さっそく、岐阜県・関市《せき》の業者に製造を依頼した。

アメリカンオイルという会社は、スタンダード石油の親会社である。スタンダード石油には、もともと親会社などはなかったが、アメリカ中のオイルを独占するまでに会社が巨大化したため、合衆国政府の命令で、スタンダード・イリノイやスタンダード・カリフォルニアなどの六つの会社に分けられた。そこで、分けられた六つの会社は共同出資をして親会社ともいうべき、アメリカンオイルという持株会社を作ったのである。もちろん、ユダヤ系資本の会社である。

元来が石油会社であるアメリカンオイルが石油とは関係のないナイフとフォークを発注してきたのは、米国内で進行している流通革命のためである。

従来は品物を売るということに関してはデパートが王座を占めていた。その王座に挑戦し、消費者を引きつけていったのがスーパーマーケットであり、ディスカウント・ハウスである。さらにそこへ撲《なぐ》り込んだのがクレジット・カードである。デパートを食ったスーパーを、さらに食ってやろうというのがクレジット・カードで、こちらは、スーパーなみの値段で、しかも月賦にしようというやり方である。

このクレジット・カードに進出したのが石油資本である。アメリカンオイルには、カード利用者が一四〇〇万人登録され、その中の七〇〇万人が毎月カードを利用している。アメリカンオイルはカードの利用者のためにも、安い品物を大量に必要としていたのだ。

スーパー商売の特徴は現金商売である。クレジットは月賦だ。現金主義のユダヤ人の資本で支配されている石油会社が、現金商売ではない月賦に進出するのは、一見理屈が通らないようだが、これには裏がある。

つまり、カード利用者に品物を売った段階で、代金は銀行からキャッシュで受け取る。月賦の取り立てはすべて銀行がやるのだ。ちゃんと現金主義の筋は通っているのである。

納期に間に合わない！

解説が長くなったが、ナイフとフォークの業者は関市に集中している。しかも、業者はプライドを持っていた。

「いいですか、藤田さん。ここは日本の中心です。この関から東を関東といい、関から西を関西というんです。東京が日本の中心だと思っていたら大間違いです」

などという。これなら納期を間違えることはあるまい。私はそう思っていた。

私の計算では、九月一日にシカゴで渡すには、八月一日に横浜を出せば、なんとか間に合うはずだった。受注した時点では時間は十分にあった。

ところが、途中で念のためにと進行状況を見に行った私は、胆をつぶしてしまった。いっこうにはかどっていないのである。

「田植えが忙しかったもんでしゃあないわ」

とケロリとしている。ガンガン文句をいうと、

「何日までに納めます言うても、遅れるんが常識だわさ。早うせえ言うたって、そりゃあ無理いうもんだわ」

まるで話が通じない。相手がユダヤ人だと説明しても、

「多少は遅れる言うておけば、そうムカッ腹立てやせんでしょ」

である。

ボーイング707のチャーター代、一〇〇〇万円ナリ

八月一日に横浜を出港するには、七月半ばには、関市を出荷しなければ間に合わないが、七月半ばにできるどころか、八月二七日ごろまでかかるという。八月二十七日にできた品物を九月一日の納期に間に合わせるには飛行機しかない。シカゴ・東京間をボーイング707をチャーターすれば約三万ドル（一九六八年当時、約一〇〇〇万円）かかる。ナイフとフォーク三〇〇万本の代金ではとてもひき合わない。

しかし、それでも、私はあえて飛行機をチャーターした。ユダヤ人が支配しているアメリカンオイルと契約したからには、意地でも納期に間に合わせたかった。一度でも契約を破った相手を、ユダヤ人は絶対に信用しない。製品が遅れたのは私の責任ではないが、ユダヤ人は弁解は絶対に聞かない。彼らは常に「ノー・エクスプラネーション——説明無用」、なのである。

私は飛行機代の一〇〇〇万円は損しても、ユダヤ人の信用を失うことは避けたかった。

私はパンアメリカン航空のボーイング707をチャーターしたが、パンアメリカン（＝通称パンナム）もチャッカリした会社で、一〇日前までに現金でチャーター代を払い込まないと飛行機をまわしてくれないのだ。しかも、羽田空港は過密状態のため、空港に滞在できる時間はわずか五時間だという。五時間経てば、積み荷の有無にかかわらず、羽田を飛

び立ってしまうのだ。その時間に、三〇〇万本のナイフとフォークを積み込まなければならない。

チャーター機は八月三一日午後五時に羽田へ着き、午後十時にシカゴへ向けて飛び立つことが決まった。時差の関係で、八月三一日の午後一〇時に出発しても納期には間に合う。

幸いにも、私はこのチャーター機に、注文の品を無事に積み込むことができた。

ああ、またもや！

「私が飛行機をチャーターしてまで納期を守った」ことは、先方にも伝わった。これが日本であれば、大変な美談で、注文主の方が感激して飛行機代を持とうと言い出しかねないところだが、相手はユダヤ系の会社だ。ナニワブシはまったく通じない。

「間に合った。ＯＫだ。飛行機をチャーターしたことは聞いた。グッド」

それだけだった。

ただし、飛行機をチャーターしてまで納期に間に合わせたことはムダではなかった。翌四四（一九六九）年、アメリカンオイルから、今度はナイフとフォーク、六〇〇万本の注文がきたのである。

六〇〇万本となると、関市始まって以来の大量注文である。市中がアメリカンオイルの注文一色だった。

ところが、これがまたもや遅れたのである。納期は九月一日と前年と同じ。船積みのリミットの七月半ばまでに、どうしても間に合わないのだ。

私は再び飛行機をチャーターした。アメリカンオイルは例によって「納期内についた。OKだ」というだけである。

さすがに私も腹に据えかねて、関の業者を集めて飛行機代をいくらか出したらどうかと言った。業者も多少の責任は感じていたらしい。

「よろしゅうございます」

そう言って、飛行機代二〇万円を負担しようと申し出た。二〇〇万円ではない、たったの二〇万円なのだ。私はしばらくの間ポカンと口をあけたままだった。

かくて、ユダヤ商人の〝ライセンス〟をとる

二度にわたる飛行機のチャーターで私は大損をした。しかし、その飛行機代で、私は買えるはずのないユダヤ人の信用を買ったのである。

「あいつは約束を守る日本人だ」

そういう情報は、またたく間に世界各地のユダヤ人に伝わった。『銀座のユダヤ人』と

いう言葉には「銀座で約束を守る唯一人の商人」というニュアンスも多分に含まれているのである。

私のユダヤ商法は、ユダヤ人の信用を得るということからスタートしたといえる。

32 悪徳商人は大統領へ直訴せよ

外国の国際貿易商の中には、ユダヤ商人の範疇に入らない悪徳商人もいる。その典型的な連中が『バンザイ屋』であるが、私はかつて『バンザイ屋』に引っかかった際に、彼らを相手に徹底的に戦って勝ったことがある。この戦いは、私が商人として生き残れるか、倒れてしまうかという私のすべてを賭けた戦いだったといっていい。私は、その戦いに勝ったがために、今日、『銀座のユダヤ人』として、ユダヤ人の信用を得るまでに至ったのである。

悪徳ユダヤ商人との死闘の顛末はこうだ。

昭和三六（一九六一）年一二月二〇日、かねて私と取引のあったニューヨークのベスト・

オブ・トウキョウ社から支配人のマーリン・ロビン氏が来日した。用件は、トランジスターラジオ三〇〇〇台とトランジスター電蓄《でんちく》五〇〇台の買い付けだった。

条件は、トランジスター電蓄は『NOAM印』とし、ラジオと電蓄の船積みは翌三七（一九六二）年の二月五日、私の口銭は三パーセントという三点である。

バンザイ屋のしかけたワナ

私はあまり気乗りしなかった。まず、船積みまでに期間が短いこと。常識的にいえば口銭はふつう五パーセントであるから、三パーセントはあまりにもむごいという二つの理由からである。しかし、相手のベスト・オブ・トウキョウ社は、ニューヨークでも有数のトランジスター製品の輸入商社である。今後のことを考えるならば、取引をして損になる相手ではなかろう。私はそう考えて、しぶしぶ、オーケーの返事をした。そして、注文の品を山田電気産業（当時・東京都港区新橋六ノ三）に発注した。

その頃、トランジスター電蓄は、単価が三五ドルだった。ところが、ロビン氏は山田電気産業社長の山田金五郎氏をさんざん口説き、三〇ドルに値切ってしまったのだ。それでも、約束通り山田電気は生産を開始した。

ベスト・オブ・トウキョウ社からは、その年の大晦日に信用状が届いたが、注文の品の商品名が『NOAM印』でなければならないのに、どういうわけか『YAECON印』となっている。『YAECON印』は山田電気の商品名であるが、現に生産中の品物には、ベスト・オブ・トウキョウ社の当初の注文通り『NOAM』のマークがつけてある。

私は、再三、ニューヨークへ電話を入れて信用状の『YAECON』を『NOAM』に変更するように申し入れた。というのは、信用状の記載と違う製品は、輸出できないからである。ベスト・オブ・トウキョウ社からは、ナシのツブテだった。

山田電気ではその間も、暮れも正月も返上して、生産を続け、ようやく納期前の一月二四日には、輸出検査もすませ、あとは船積みするだけにこぎつけた。ところが、それを待ち構えていたかのように、一月二九日、ニューヨークからキャンセルの電報が入ったのである。

「しまった！　奴らはバンザイ屋だったのか」

そう思ったが、すでにあとのまつり。『NOAM』という妙な名前のマークをつけた商品は、そのマークがあるがためにアメリカの別の輸入商社へ引き取らせるというわけにはいかない。

私はベスト・オブ・トウキョウ社を相手に、製品を引き取るか、『NOAM』のマークの取換え代を支払うように交渉を始めたが、腹の中は煮えくり返るようだった。バンザイ屋に目をつけられた、ということは、悪徳ユダヤ商人に、与しやすし、とナメられた以外の何物でもない。

「よし、向こうがその気なら、オレはケネディ大統領へ手紙で直訴してやる」

私は、そう決心した。ナメられて、黙って引っ込んではおられない。

しかし、大統領には六人の秘書がいる。秘書の段階でストップするような文面ではダメだ。ケネディ大統領に手紙を書くからには、大統領に、直接読んでもらわなければ、なんにもならない。私は、それまで得た英語の知識をふりしぼって、書いては破り、破っては書き、三日がかりでようやく、これなら読んでもらえる、と自信の持てる手紙を書きあげた。

故ケネディ大統領へ直訴状

二月二〇日、私は、その手紙をタイプして投函した。

その時の手紙は、次のようなものである。

米合衆国大統領

J・F・ケネディ閣下

各国の自由な、かつ民主的貿易の擁護《ようご》者であり、かつまた米国民の代表である貴下《きか》に、本状を捧呈《ほうてい》する光栄を感謝いたします。

貴下が現代世界における指導的政治家であり、それゆえに貴国民にはまったく通常のことであっても、他国民にはまったく背徳的な蛮行《ばんこう》となり、迷惑な損害を発生させることになるようなことを貴国民が行っており、そのために困っている他国民があるとすれば、それを救っていただける立派な民主主義の顕現者《けんげんしゃ》として、以下のことをお願いします。

われわれはちょうど二〇年前、貴下がソロモン海域で悪戦苦闘されていた時の貴下より、さらに困難な情況にあり、救援を必要とする立場にあります。しかもアメリカ国民によって、何らの責任もないにもかかわらず、その苦境に叩き込まれているのであります。

「米国民による、何らの理由なき注文取消しに基づく、当社の損害救済について」

事態はきわめて簡単で、なんら複雑な事情はありません。ベスト・オブ・トウキョウ社（ニューヨーク）より当社はトランジスターラジオ三〇〇〇台及び、トランジスター電蓄五〇〇台、合計二万六六〇〇ドルの注文を受け、信用状を受領したにもかかわらず、何らの正当な理由もなく注文をキャンセルされ、当社が大損害を蒙《こうむ》ったということであります。これがもし、米国民が日本人によってかかる仕打ちを受ければ、いかなることになりましょうか。日本人は必ずや鉄槌《てっつい》を加えられるでありましょう。当社はそれに対し、ベスト・オブ・トウキョウ社指定商標の取換え料二〇四四ドル五〇セントを請求しましたが、何らの誠意ある回答に接しません。本件如き法律上まったく明々白々な一方的契約不履行すら文明社会では法律で争わねばなりません。それには、当社は費用の点から不可能であります。

大統領閣下。もしも貴下が不幸な国際戦争の一つの原因として、些細《ささい》なる事柄の蓄積が大きな国民相互間の憎しみという悪魔のようなエネルギーに変化してゆくということにお気づきならば、上記ベスト・オブ・トウキョウ社に至急解決するよう、勧告していただきたいと思います。

大統領閣下。貴殿も日常超繁忙《はんぼう》であろうと思いますが、私のために、一分の時間を下さい。LW4~九一六六をダイヤルし、アッカーマン氏（ベスト・オブ・トウキョウ社長）に日本人も牛や馬のごとき動物ではなく、血の流れている人間であり、誠意をもって解決するよう、勧告《かんこく》していただきたいと思います。

大統領閣下。長い時間と莫大《ばくだい》な金をかけないで、正義をしてあらしめる役所が、貴下

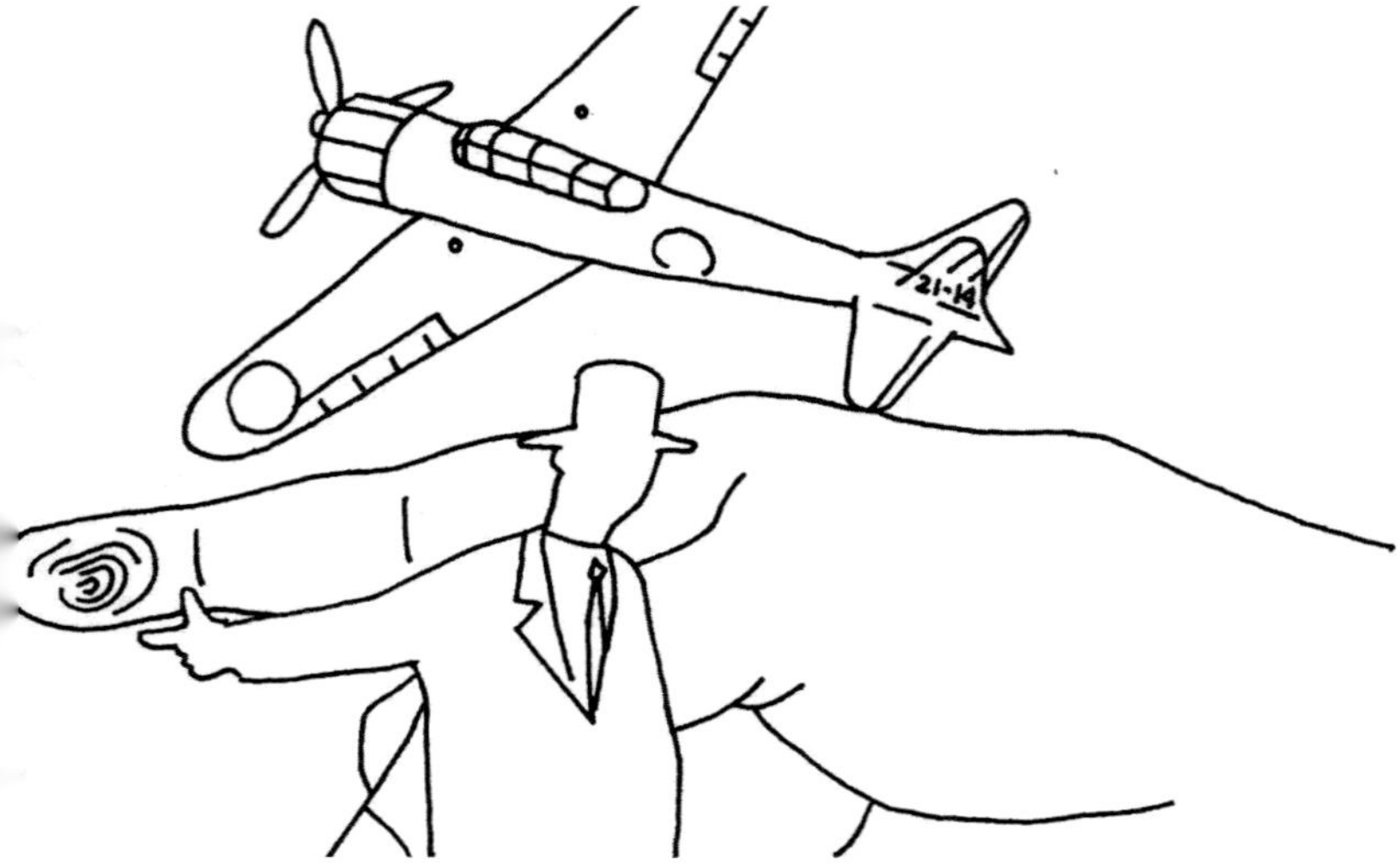

の掌中《しょうちゅう》にあれば、至急《しきゅう》ご教示願いたいと思います。

大統領閣下。私の友人四五〇〇人の若い日本人が、体に爆弾を背負って、貴国の軍艦に体当たりをして死んで行きました。あの悪夢の如き神風特攻隊の一員として、この人達の死をムダにしたくありません。どんな些細なことでも、国際間の憎《にく》しみの原因となることは、われわれの良識をもって解決したいと思います。

大統領閣下。第二次世界大戦の勇士である貴下に、本件の解決促進《そくしん》をお願い致します。

藤田 田

私は、この手紙を一通はケネディ大統領

へ、もう一通は控えとして、東京のアメリカ大使館へ送った。必ず、秘書が大統領へ見せてくれるだろうという自信はあったが、返事は来ないかもしれないと覚悟していた。

一方、この間に、二月二日、山田電気産業は、私に内容証明の書簡で、製品の引き取りを求めてきた。私も商人である。この製品を転売する手があることは百も承知している。しかし、そうなると問題がウヤムヤになってしまう。私はユダヤ商人にナメられっ放しで引きさがる気はなかった。しかも、今回の責任は一方的にキャンセルしてきたベスト・オブ・トウキョウ社にあり、私が尻ぬぐいをしなければならない義理はない。

三月中旬、山田電気産業は九四〇〇万円

の負債をかかえて倒産した。バンザイ屋の策略のために、本当にバンザイしてしまったのである。

悪徳商人、ついにノック・アウト

その直後、ケネディ大統領に直訴状を発送してから一カ月目の三月二〇日に、私はアメリカ大使館から呼び出しを受けた。

私は、ただちに車をとばして、大使館へ駆けつけた。出迎えた担当官は、私にケネディ大統領からのワシのマークに赤いロウ印の押してある公文書を見せてくれた。

「実は、ケネディ大統領が、商務長官を通じて、あなたから直訴のあった件を解決するように、とライシャワー大使に言って来られたのです」

私は勝ったのだ。私は思わず、心の中で、バンザイを叫んだ。こうなれば、しめたものだ。

担当官は申し訳なさそうな顔をした。

「この事件はまったくアメリカの商人の方が悪い。政府としては、事件に口出しはできないが、業者に勧告し、従わなければ海外渡行を禁止させるなどの手を打つ。日本人はこうした事件の場合、泣き寝入りしているようだが、今後は、どしどし申し出て欲しい」

貿易商が海外渡行を禁止されたのでは、死刑を申し渡されたも同然である。バンザイ屋といえども、政府の勧告には従うほかはない。

「ただし……」

担当官はつけ加えた。

「どしどし申し出ていただきたいが、大統領へ直訴していただくことは、ご遠慮願いたいのです」

ああ、そうですか。おおきに。ほなら、これからは直訴はやめにしますワ。――というのは、私の外交辞令だ。バンザイ屋や悪徳商人がナメて来たら、何回でも大統領に直訴してやる。私はそう思っている。

『飛行機をチャーターしても納期に間に合わせたフジタ。大統領に直訴した最初のニッポンのユダヤ人フジタ――』

この二つの事件を通じて、私は、ユダヤ商人から見直され、本物の信用を得たのである。

33 一手先を読め

私がユダヤ商人ジョージ・ドラッカー氏からロウ人形館の興行権を買って、東京タワーの中にロウ人形館を開こうとした時は、周囲の人たちはすべて反対した。

「日本人は、動きのない人形なんか見に来るはずはないから、高い権利金を払ってまで、ロウ人形館をやることはないじゃないか」

みんな、そう言ってロウ人形興行の失敗を心配してくれた。

「はじめの三カ月は赤字覚悟でしょう」

そうたずねた人もいる。

「私はロウ人形館で日本の興行界の旧態依然たる古い意識をぶち破ってみたい。つまり、これまで日本では、動きまわるのは舞台の上の役者の方で、観客はイスにしばりつけられて静かにそれを眺めるだけだった。しかし、これからは観客が動で舞台の上が静《せい》になるのだ。動かないロウ人形のまわりを観客が自由に動きまわって見る。しかもその人形は、歴史上の人物が、生きていた時そっくりに陳列してある。観客は感動を持ってヒーローのそばに歩み寄り、好きなように対面できる。この新しい試みは必ず成功します。赤字覚悟など、とんでもありません。初めからを黒字を上げてみせますよ」

私は強気だった。成算《せいさん》はあった。

客に歩かせろ

舞台が〝静〟で客が〝動〟というのは、何も興行だけではない。例えば、商売においても、これまでのやり方は、店は品物を並べその品物を売り込む店員を揃え、客を品物の前に釘づけにして品物を売り込もうとした。そして、その結果は、人件費の高騰に泣かなければならなくなり、客が品物の前を流れて行って自由に選択できるスーパー方式にした方が、客の回転率も早いし、人件費も安く、利が大きいということを認めざるを得なくなった。

客が動く――これこそ、現代のテンポに合った商法のポイントである。私は一手先をそう読んでいたにすぎない。

私の読みは、正しかった。ロウ人形は大好評を博して今日に至っている。客はスーパーで買い物するようにロウ人形の周囲を歩きまわって喜んでいる。

34

絶対にまけない売り方――自信のある商品は絶対にまけるな

ユダヤ商人は、ある品物を高く売ることについて、あらゆる資料を用いて、高く売ることがいかに正当であることかを説明しようとする。統計資料、パンフレット――ありとあらゆるものが、高く売るために活用される。私の事務所にも、ユダヤ人が毎日のように送りつけてくるそうした資料が山ほどある。

ユダヤ人はそうやって資料を送っておいてから、

「送ってあげた資料で、消費者を教育しなさい」

という。そして、絶対に、

「まけましょう」

とは言わないのである。彼らは「商品に自信があるからまけないのだ」という。「日本人は商品に自信がないからまけるのだろう」ともいう。ユダヤ商人の「まけるくらいなら売らない」という気持は、自分の取り扱う商品に対する大変な自信に裏打ちされているのである。いい商品だからまけない。まけないから利益が大きい。ユダヤ商法が儲かる秘密もここにある。

35

〝薄利多売〟はバカの商法――ユダヤ商法と大阪商法

日本の代表的な商法は、私の生まれた大阪に伝わる大阪商法である。そのガメツさを看板にする大阪商法ですら、ユダヤ商法の前ではおよそ『商法』とは言えない幼稚なものでしかない。

大阪商法は、いわば薄利多売の商法である。〝薄利多売〟でガメツく儲けていくのが大阪商人なのだ。

ところが、ユダヤ人には〝薄利多売〟ということが分からない。

「たくさん売って、薄利とはどういうことなんだ、デン。たくさん売るなら、たくさん儲けるべきだ」

ユダヤ人は決まってこう言う。

「たくさん売って〝薄利〟だなんて、フジタの言う大阪商人っていうのはバカじゃないか。うん、きっとバカなんだぜ」

私はユダヤと大阪の歴史を両手ではかってみた。大阪は仁徳天皇以来二〇〇〇年、ユダヤは五〇〇〇年だ。

残念ながら、倍以上もユダヤの歴史の方が長い。ユダヤが三〇〇〇年以上も歴史の時間を刻んだ時、日本はまだ文字すら存在しなかったのである。

ユダヤ商人が大阪商人の薄利多売法をバカか気違いのやる商法だと笑うのも、当然だろう。

安売り競争は死のレース

同業者同士で薄利多売競争をして、両方

がポシャッてしまうということはよくある。よその店より少しでも安くして、少しでも多く売ろうという気持は分かるが、少しでも安く売ろうと考える前に、なぜ、少しでも厚利を得ようと考えないのだろうか。メーカーや商社は、利益が薄ければ、いつ倒れるか分からない危険にさらされているのも同然で、まして、薄利競争などは、お互いの首に縄をかけて、ヨーイ、ドン、で引っ張り合うようなもので、愚劣きわまりない商法である。

ひょっとすると、この薄利競争という名の『死のレース』は、徳川時代に商人を弾圧して、権力をふるって安売りさせた時の、名残りの商法ではないだろうか。

36

金持ちから流行させろ

私がアクセサリー類の輸入に手を出さなかったならば、日本のアクセサリーの流行は、確実に二〇年は遅れているだろうと断言できる。

私はアクセサリーを輸入する時も、白い肌、青い眼、金髪を対象にデザインされたようなものには一切手を出さない。高級ハンドバッグだから輸入すれば必ず売れるというものではない。私の真似をして輸入アクセサリーに手を出して、手ひどい失敗をした業者は多い。彼らが輸入したものは売れず、私が輸入したものが売れるのはなぜか。その秘密は私が輸入するアクセサリーは黄色い肌と黒い髪に似合うものしか輸入しないからである。そうした蔭には、もちろん、ユダヤ商人の適切なアドバイスもあった。私が、私がいなかったならアクセサリーの流行が二〇年は遅れたと断言するのも、それだけの自信があるからである。

金持ちがとびついてくるエサ

ある商品を流行させるには、コツがある。流行には、金持ちの間ではやり出すものと、大衆の中から起こってくる流行の二つがある。

この二つの流行をくらべてみると、金持ちの間から起こってくる流行の方が、圧倒的に息が長い。フラフープとかダッコちゃん、あるいはアメリカン・クラッカーのように、大衆の間から爆発的に起こってくる流行は、すぐに消えてしまう。

金持ちの間で流行したものが、大衆のところまで流れてくるのに、だいたい二年ほどかかる。ということは、金持ちの間に、あるアクセサリーを流行させれば、二年間はその商品で商売ができるということになる。

金持ちの間に流行させる商品は、なんといっても高級舶来品が一番である。日本人が舶来品に弱いことは、通訳時代の経験から、いやというほど知っている。金持ちになればなるほど、舶来品コンプレックスは根強い。

品質はむしろ国産品の方がよいと分かっていても、日本人は倍以上も高い金を払って舶来品を買おうとする。つまり、我々が高い正札をぶらさげていても、日本人は喜んで買ってくれる。こんな儲かるありがたい商売は、ほかにはない。

的は〝アコガレ心理〟

人間は誰しも自分よりひとつ上のクラスを見て、せめてその程度の生活はしたいものだと考えるものである。金持ちや上流階級は、大衆にとって、あこがれの的である。

『玉の輿に乗る』という言葉があるが、人間は不思議なもので自分より地位も低く財産もない者に対しては、決してあこがれの感情などは持たないものである。金銭がすべてではないにしても、上流階級の〝流行品〟に及ぼす影響力は否定できない。上流階級にあこがれる傾向は、とくに女性に強く、男性でも、上流好み、デラックス好み、貴族趣味などという人は意外に多い。

この心理を利用して、まず第一級のクラスの金持ちに、ある高級輸入アクセサリーを流行させる。そのクラスにあこがれている次の金持ちクラスの人が、例えば数の上で二倍いたとすると、その人たちがやっとその流行品を手に入れたとき、商品は当初の二倍ほど売れたことになる。そして、またその次のクラスに流行が進んだ時、商品の売行きは四倍に伸びる。このようにして、高級品は次第に大衆の方へ流れていくわけだが、その期間がほぼ二年なのである。

もちろん、流行が大衆化していくに従って、値段も下がっていくが、その時には私の会社はその商品から手を引いている。過去二〇年間を通じて、私の会社は、輸入した舶来品を売り残したことは一件もないし、まして、バーゲンセールなどをしたことは一度もない。

金持ちの間に流行させることを商売にしている限り、売れ残りも、バーゲンセールも私とは無関係である。薄利多売などという労多くして利益の少ない商売とも無縁である。金持ちを相手にすれば〝厚利多売〟もちゃんと成り立つのである。

37

厚利多売商法で儲けろ――〝稀少価値〟は儲かる商品

厚利多売は、稀少価値を売れば、いくらでも可能である。

かつて豊臣秀吉にフィリピンから珍しい壺を持ち帰って「これはイギリスの宝物でございます」と献上した堺商人がいた。

秀吉は、大変に珍重《ちんちょう》して、合戦で著しく戦功をあげた大名に、この壺を贈った。大名も家宝として代々この壺を伝えたが、徳川三〇〇年の鎖国が解けてみると、なんとその壺は、西洋の便器だったことが判明したのである。

その便器が日本でイギリスの宝物としてまかり通ったのは、当時の日本に、同じものが二つと存在しなかったからである。秀吉も大名も、その稀少価値を珍重したのである。他人の持っていないものを自分だけが持っている――これほど人間の自尊心を満足させるものもない。

貿易商のうま味もここにある。

外国では一〇〇〇円で買えるものが、日本へ持ち帰れば一〇〇万円の値段をつけても売れることすらある。その品物に稀少価値があればあるほど、利幅は大きい。そういった品物を安く輸入して、高く売りさばくのが、すぐれた輸入商であり、また、反対に、外国へ持ち出せば稀少価値のあるものを高い値段で外国へ売りつけるのが、腕の立つ貿易商である。

38 文明の落差を売る

舶来品に高い値がつき、しかも売れるのは、ほかにも理由がある。

例えば、オーストリアにはアクセサリーの製造をしているメーカーが約三〇〇軒あるが、一軒として、よその店の製品を真似ている店はない。どの店も、自分のところで創造したものに誇りを持ち、何百年もの間、自分の店独自の品物を作り続けているのである。日本のように、すぐによその製品の真似をするようなことは絶対にない。

そこには一つひとつの品物に、長い歴史の重みが加わっているのだ。

その何百年、あるいは何千年の歴史の重み、人智の結晶が作り出すみごとな製品。それが高い値をつけても人々に受け入れられる今ひとつの理由である。

輸入商は古い文明と新しい文明の落差に値段をつけ、文明の落差が生むエネルギーを利益にして商売をしているといってもいい。しかも落差が大きいほど儲かる。

コラム❶——ユダヤ人の名前

「山石」さん、「金山」さん、「獅子岩」さん……

日本人の名前には、例えば『藤田』は「藤の田」であるとか『遠藤』は「遠くの藤《ふじ》」、『豊田』は「豊かな田」というように、名前に意味がある。ユダヤ人の名前も日本人の名前のように意味があり、名前に意味のない他の白人とはっきり区別がつく。

例えば『アインシュタイン』は「一つの石」ということばである。『アイン』は「ひとつ」『シュタイン』は「石」とか「岩」という意味である。

『ベルグシュタイン』氏は訳せば「山石」さんで『ゴールドシュタット』氏は「金町」さんになる。『ゴールデンバーグ』氏に至っては「金山」さん、意訳すれば日本の「佐渡」さんといったところ。

『ローエンシュタイン』氏は「獅子岩」さんと訳すことができる。『ローエン』とは「ライオン」のことである。

名前によって出身地の見分けもつく。

『――シュタイン』、『――バーグ』という名前の持ち主はドイツ系のジャーマン・ジュウ。『マッソーバー』とか、『パウル』というのはシリア語の名前だからシリアン・ジュウである。『パウル』はシリア語で「高い」という意味がある。『カタン』氏は「木綿」氏。

旧約聖書に出てくる十大賢人の名前の持ち主も多い。『ガウン』氏などもその一人で「聖衣」氏は自分の家柄の古さをいつも自慢している。

コラム❷――ユダヤ人の数字

大学教授も知らないこと

アラビア数字の『1』は、なぜ「イチ」で、『2』は、なぜ「ニ」なのか、という問いに答えられる数学者は多分いないだろう。ところが、ユダヤ人は答えられるのである。

『1』は角度が一つ、『2』は角度が二つ、『3』は角度が三つある――そう答える（次ページ図参照）。

私は受売りで、ケンブリッジ大学とハーバード大学の教授に、ユダヤ式アラビア数字の理論を教えた。

「それが正しいという科学的証明ができますか」

教授は二人とも、そう反問した。

【アラビア数字と角度】

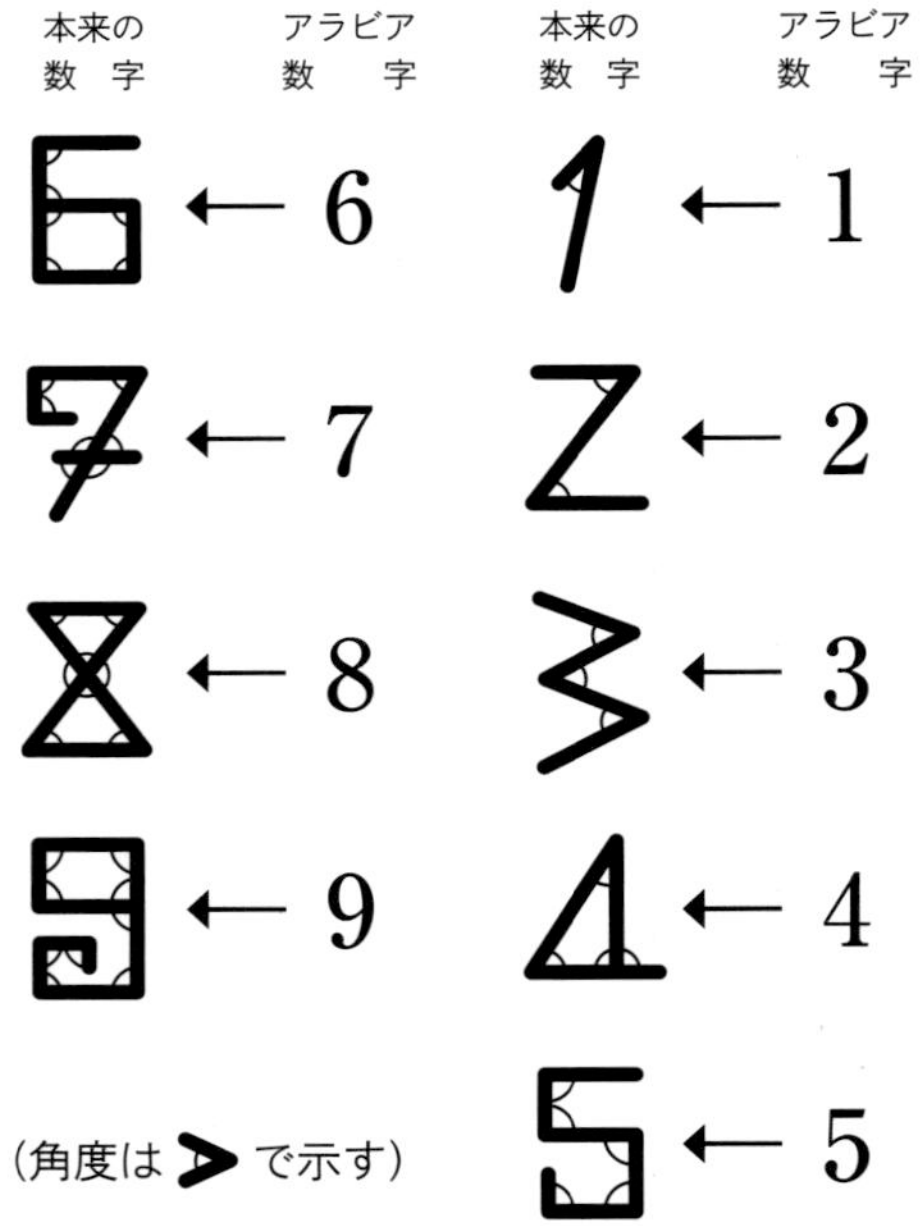

私はユダヤ人に代わって胸を張った。

「これはユダヤの公理なのです。公理に証明は不要ですよ。五〇〇〇年の歴史自体が証明ですからね」

Part III

ユダヤ商法のバックボーン

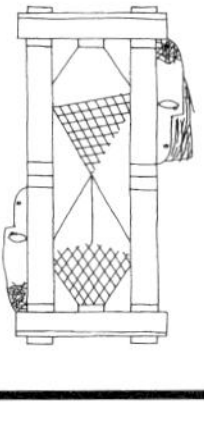

39

働くために食うな、食うために働け

「人生の目的はなんだと思うか」

ユダヤ人にこうたずねると、いとも明快な答えが返ってくる。

「金を儲けること」

そう答えるに違いない、と思ったら大間違いだ。

「人生の目的は、おいしいものを心ゆくまで食べることです」

ユダヤ人は、必ずこう答える。

「それでは、人間はなぜ働くのだろう」

重ねてこうたずねると、ユダヤ人の答えはこうだ。

「人間は食べるために働くのさ。働くためのエネルギーをつけるために食べるのじゃあないよ」

同じ質問を日本のサラリーマン諸君にぶつけてみると、おそらく正反対の答えが返ってくることだろう。日本人は、まぎれもなく、働くために食っている民族である。

食うために働く、と答えるだけあって、ユダヤ人の最高の楽しみは、タキシードを着て、最高級のレストランで贅沢な食事をすることである。

したがって、他人に対する最高の好意の表現も、豪華な食事への招待である。招待の場所は、自宅であったり、レストランであったりするが、晩餐への招待は、ユダヤ人の相手に示す最高のもてなしなのである。

豪華な晩餐は、ユダヤ人の楽しみであると同時に、ユダヤ人の金力支配の象徴でもある。ユダヤ人は約二〇〇〇年間にわたり、迫害され、差別され、しいたげられてきた。しかし、ユダヤ教における選民としての誇りを胸中深く抱き続けながら、いつかは自分たちの前に異教徒《ジエンタイル》をひざまづかせてやる、と誓い合って来たのである。

そのために、ユダヤ人が武器として手にしたものは、キリスト教徒から賤業として投げ与えられた金融業と商業である。

そして今や、ユダヤ人は金力でジェンタイルに君臨している。ユダヤ人にとっては、彼らの金力を誇示する絶好の機会《チヤンス》が、贅沢な晩餐であるといえよう。

ユダヤ式「人生の楽しみかた」

ユダヤ人は晩餐をたっぷり二時間あまり時間をかけて、ゆっくりと楽しむ。食べることこそが人生の目的であるので、五分や一〇分で人生の目的をかきこむようなことは絶対にしない。ユダヤ人の幸福とは、人生の目的である贅沢な晩餐をなごやかにとっている時である。ユダヤ人は、その幸福を味わうために、どんな手段や方法を用いても、お金を稼ぎ出すのである。

日本には『早寝早起き早メシ早グソは三文の得』という諺があるが、わずか三文を儲けるために、早メシ早グソをしなけりゃならないとはなんたる貧乏性——。これこそ、日本人の貧困さを端的に言い現した言葉だといえよう。私の大きらいな言葉である。

40 メシの時には仕事の話はするな

ユダヤ人は、前にも書いたように、雑学博士である。たっぷりと時間をかけて食事を楽しみながら、ユダヤ人は豊富な雑学を駆使して、あらゆることを話題にして食事を楽しむ。

家族の話、レジャーの話、花の話——。次から次へ、さまざまな話題が登場する。

しかし、あらゆることを話題にするといっても、やはりタブーはある。ユダヤ人はY《ワイ》談はほとんどしないから、とりたててタブーであると書く必要もないが、戦争と宗教と仕事に関する話は、絶対にしてはならないという暗黙の掟がある。

世界中を転々と追われ続けて来たユダヤ人にとって、戦争の話は食事の雰囲気を暗いものにしてしまうのである。

宗教の話も、異教徒と対立するだけである。太平洋戦争では三〇〇万の日本人と五〇万の米兵が死んだ。それから二五年経つと、そのことは、もはや、誰も何ともいわない。それなのに、二〇〇〇年前にたった一人のユダヤ人が殺されたことを、キリスト教徒はいまだにとやかく言う。なぜなのか——。宗教の話になると、ユダヤ人は永年の不合理をぶっつけたくなる。

仕事の話も、利害の対立を招いて、不愉快になる。

そこで、ユダヤ人は、せっかくの食事の楽しみをぶちこわしてしまう話題には、決して触れようとはしないのだ。ユダヤ人には、芸者をあげて飲み食いしながら仕事の話をする日本人は、どうしても理解できないのだ。

私は、もしも、日本人に『基本的人権』があるならば、メシの時に仕事の話をしてはいけないと考えている。日本人がメシの時にも熱心に仕事の話をしているのは、日本人には基本的人権なんかないからだ、と思っている。

早メシ、早グソは、たかだか三文

商売上の打ち合わせなどの関係で、私は時々事務所で時間はずれの食事をすることがある。そんな時にユダヤ人が訪ねて来ると、ユダヤ人はいかにも申し訳なさそうに言う。

「どうか、ゆっくり食事を楽しんで下さい。私は、あらためて出直してきますから」

私があわてて食事をかきこもうとすると、ユダヤ人は本気になって私に注意する。

「ミスター・フジタ。そいつはいけないね。間違っている。あなたは人生の楽しみ方を、絶対に間違えているよ」

私は、事務所の近くの銀座や新橋で、昼めしをかき込んでいるビジネスマンやＯＬを見るたびに、彼らは何のために働き、何のために食べているのだろう、とユダヤ人のような眼で、彼らを眺めている時がある。

豊かな晩餐など、早メシ早グソの貧乏人『ニッポン人』にはとても無理だと思うが、せめて、食事中ぐらいは仕事の話はしないぐらいの心の余裕はほしいものである。

日本の諺に曰く『あわてる乞食はもらいが少ない』。早メシ早グソは三文にしかならないことを忘れずに。

41 お金ある人エライ人、お金ない人ダメな人

ユダヤ人は人生観が人生観だから、価値観の基準はお金である。

ユダヤ人が言う「偉い人」とは、贅沢な晩餐を毎晩楽しめる人であり、つまり、毎晩豪華な晩メシを食べる人が尊敬されるのである。ユダヤ人にとって、清貧に甘んじている学者などは、偉い人でもなければ、尊敬に価する人でもない。学問や知識がどんなに優れていても、貧乏であれば軽蔑され、下等視される。

この世ではお金をたくさん持っていて、それをふんだんに使える人が偉い人である、というユダヤ人独特の価値観は、ユダヤ人のお金に対する執念をかきたてずにはおかない。

〝キャッシュを抱いて死にたい〟

ユダヤ人の金に対する執念を物語る小話がある。

ある有名なユダヤ人の金持ちが、臨終にあたって、身内のものを集めて言った。

「ワシの財産を、全部、キャッシュに替えてくれ。そして、それで一番高価な毛布とベッドを用意しろ。余ったキャッシュは枕元に積んで、ワシが死んだら棺桶へ入れてくれ。みんなあの世へ持って行くんだ」

身内のものは、言われた通り、毛布とベッドとキャッシュを揃えた。金持ちは、贅沢なベッドへ横たわり、柔かい毛布にくるまって、枕元に積まれたキャッシュを満足そうに眺めながら、息を引き取った。

莫大なキャッシュは、彼の遺言通り、遺体と一緒に棺へおさめられた。

そこへ駆けつけてきたのが、彼の友人である。友人は身内のものから全財産は遺言に従ってキャッシュにして納棺されたことを聞くと、ポケットから、小切手帳を取り出して、サラサラと金額とサインをしたため、彼の棺《ひつぎ》へおさめ、代わりに、キャッシュを全部取り出して、友人の遺体の肩をポンと叩いた。

「現金と同じ額面の小切手だから、キミも満足だろう」

あの世へまでも現金を持って行こうとするユダヤ人の金銭への執念。そして、その現金を小切手と交換してまでも、丸々手に入れようとする友人の金銭への執念。どちらもどちらであるが、これほどみごとにユダヤ人の金銭への執念深さを言い表した小話はないだろう。

42

父親は他人の始まり

昭和四二（一九六七）年の秋、私はシカゴのディビッド・シャピロー氏を訪ねたことがある。シャピロー氏はユダヤ人で高級靴メーカーの社長である。

シャピロー氏の邸宅は、三万平方メートルはあると思われるほどの広さがあり、芝生を敷きつめた庭園にはプールもあった。

その地続きのところに、クリーム色の彼の靴工場が三棟、建ち並んでいる。

私は、その日、シャピロー氏から、彼の家での晩餐に招待され訪れたのだった。シャピロー氏は、まもなく五〇歳の誕生日を迎えるという精悍な体をぶっつけるようにして、一見して靴職人あがりと分かるごつごつの手で握手しながら私を迎えると、まず初めに、靴工場を案内してくれたのである。

二棟目の、製品検査工場へ来た時だった。シャピロー氏は、半製品の靴の底を検査していた青年の肩を叩いて声をかけた。

「ヘイ、ジョウ！」

青年は振り返ってにっこり笑った。

「オー、デイブ」

私は驚いた。青年が社長であるシャピロー氏を「デイブ」と愛称で呼び捨てにしたからである。驚いている私に、シャピロー氏は青年を紹介してくれた。

「私の長男のジョセフです」

私はジョセフと握手を交わしながら、複雑な気持だった。自分の子供に名前を呼び捨てにされながら、平然としているシャピロー氏の心の中をはかりかねたのである。

私の疑問は一時間も経たないうちに氷解した。シャピロー氏が、ユダヤ式子供のシツケ方を三歳になったばかりの二男のトミー坊やを相手にやってみせてくれたからで

ある。

トミー坊やは、その時、一一歳になる長女のキャシーちゃんと、大きなマントルピースのある応接室で走りまわって遊んでいた。シャピロー氏は、賑やかに遊んでいるトミー坊やをヒョイと抱きあげると、マントルピースの上に立たせて、手を差しのべた。

「トミーへ、さあ、パパの方へ飛んでごらん」

トミー坊やは、パパが遊び仲間に加わってくれたので、うれしそうな笑顔を見せながら、シャピロー氏の腕の中へ飛び降りた。いや、私も、トミー坊やも、シャピロー氏の腕の中と思ったのだが、トミー坊やが飛び降りた瞬間、シャピロー氏はサッと手をひっこめたのである。トミー坊やは、当然のことだが、床に落ちて大声で泣き出した。

私は、唖然として、シャピロー氏を見つめた。シャピロー氏は、ニコニコしながらも、トミー坊やを眺めているだけだ。

トミー坊やは泣きながら、向かい側のソファに腰をおろしていた母親のパトリシアさんのところへ駆けて行ったが、パトリシアさんもニコニコしながら、

「オー、悪いパパね」

と、トミー坊やをからかうように見ているだけなのだ。

シャピロー氏は、目をむいてこのありさまを眺めていた私の傍に腰をおろすと、真顔で言った。

「これがユダヤ人の教育方法です。トミーはまだマントルピースからひとりで飛び降りる力はない。それなのに、私の言葉につられて飛び降りた。だから、私はわざと手を引いたのです。これを、二度、三度と繰り返すうちに、トミーは父親といえども信じてはいけないということを自覚するようになるはずです。父親といえども盲信してはいけない。あくまでも信じられるのは自分自身だけ。ということを、今から教え込むのです」

私は、シャピロー氏の長男が、父親を呼び捨てにした理由がようやく分かった。

長男のジョセフは、シャピロー家では一人前だと認められているのである。一人前だと

認められると、彼は父親と同じ人権を与えられるのである。

父親が金持ちであるにもかかわらず、ジョセフが工場で働いていたのも、彼が一人前だと認められているからにほかならない。

43 金銭教育は小さい時から行うべし

シャピロー氏はそのあとで、子供に与えるこづかいのことも話してくれた。

「庭の芝刈りの手伝いをすれば一〇ドル、朝の牛乳を運べば一ドル、新聞を買いに行けば二ドル、というふうに仕事の量で与える額を分けてあります。どの子がやろうと、この額は変わりません。同一労働同一賃金ですからね」

シャピロー氏はこう言って笑った。つまり、シャピロー家のこづかいは、月決めでもなければ週決めでもなく、また、年長者であるから弟や妹より多いとは決まっていない。完全な能力給であり、歩合給である。

日本人の家庭であれば、おそらく、長男が月に三〇〇〇円なら、その次は二〇〇〇円、三番目は一〇〇〇〇円、というふうに、年功序列でこづかいの額も違ってくるはずだ。

西欧の労働者やビジネスマンが、能力給、能率給に徹して、同じ内容の仕事なら、二十歳の青年であろうと四〇歳の男であろうと、同じ額の賃金を受け取るのが当然だと考えているのに対して、日本の労働者やビジネスマンが年功序列の賃金に執着して、能力給、能率給に踏み切ろうとしないのは、子供の時からの金銭教育、労働教育の違いによるものであると言えよう。

その後《ご》、各地でユダヤ人の家庭を訪れたが、ユダヤ商法は、どの家庭でも、幼児教育の段階から実施されていた。

日本では、幼児の音感教育といって、音譜《おんぷ》もろくに読めない幼な子に無理やりピアノ教育を押しつけている教育ママが多いが、そんな一銭にもならない教育をするかわりに、幼児の金銭教育を行った方が、将来、左ウチワで暮らせると思うのだが、いかがなものだろう。

44
女房を信用するな

ユダヤ人は事業を行う場合、血は水よりも濃《こ》いといって、ユダヤ人しか信用しない。「ユダヤ人は、契約書があろうとなかろうと、いったん口にしたことは守るから信用できるが、異邦人《ジェンタイル》は契約にルーズだから信用ならない」というのがユダヤ人の考え方である。

万一、契約を守らなかったユダヤ人がいたとすると、彼はユダヤ社会から葬られてしまうのである。ユダヤ人がユダヤ社会から葬られるということは、ユダヤ商人として彼が死刑を言い渡されたも同然であり、二度と再び商人として復活することは許されないのである。そうした掟があるために、ユダヤ人は約束したことは厳守するのである。ユダヤ人がユダヤ人以外の異邦人と取引をする時、きわめて厳しい条件を出してくるのは、このためである。

事業や商取引では、同じユダヤ人であれば血は水よりも濃いといって信用するユダヤ商人も、こと金銭の問題となると、ますます厳しくなる。同じユダヤ人仲間はもちろん、自分の妻でさえ、信用しない。

私のシカゴの友人で、ユダヤ人のN《エヌ》弁護士は、真剣な表情でこう言ったことがある。

「ワイフを持てば、彼女はきっと、ぼくの財産を狙うようになる。もしかすると、ぼくを殺してでも財産を手に入れようという計画を立てるかもしれない。ぼくは、生命や財産を犠牲にしてまで、結婚しようとは思わないね」

ロスチャイルド版「富を生む家憲《かけん》」

N氏の月収は五〇万ドル、約一億七〇〇〇万円。だから、N氏は一カ月仕事をすれば、二カ月間は休暇をとるという、悠々たる生活を楽しんでいる。一隻六万ドルもするヨットを六隻も持っていて、美人のガールフレンドを数人引きつれて、世界の海を気ままに走りまわっているのである。

そんなN氏にとって、勤勉な日本人をひやかすのは、まことに楽しいものらしい。時折り、思い出したように、カリブ海あたりのバケーション先から、夜昼を問わず、若い女の嬌声入りの電話をかけてくる。

「ハロー・ミスター・フジタ。汗水たらして働いているかね。僕は目下カリブ海さ。美人の膝に枕して、汐風に気持よく肌をさらしているんだ。オオ、ワンダフルってものさ。

へへへ……」

それだけ、お遊びには湯水のように金を浪費する氏も、仕事の時は別人のように、一ドル、一セントも惜しむのだ。N氏が商用で来日した際、私は彼の商談ぶりを見て、もっと派手にふるまえばいいのにと、どれほどはらはらしたか分からない。そうやって、爪に火をともさんばかりにして懐へ入れた金を、使う時は他人の金を使うようにじゃんじゃん使う。そんなN氏を見ていると「人間は楽しむために働くのだ。快楽こそ、至上の生きがいだ」と公言してはばからないユダヤ商人のたくましさを、見せつけられる思いがするのである。

そして、美女に囲まれながら、決して結婚しようとしない彼に、女房すら信用できないというユダヤ人のすさまじい金銭第一主義を感じるのである。

N氏は世界的なユダヤ富豪、ロスチャイルド家の親類に当たる。それだけに、『たとえ、嫁でも婿でも〝他人〟に気を許してはならない』というロスチャイルド家の家憲を、忠実に守って、いまだに独身を貫いているのかもしれない。

45

女も商品に変わりはない

N氏のシカゴの自宅の隣が、『プレイボーイ』誌の社長、ヒュー・ヘフナー氏の自宅、ご存知『プレイボーイ館』である。アメリカで最も人気のあるグラフ雑誌の社長兼編集長のヒュー・ヘフナー氏もユダヤ人である。

彼は、もともとは新聞記者だった。記者時代、彼は自分の給料が不当に安いと判断して、編集長へ週給を一〇ドル上げて欲しいと申し入れた。

「なんだと? お前みたいな男に、そんな金が払えるか」

編集長は一蹴した。ヘフナー氏はその場で辞表を叩きつけて新聞社を辞めた。しかし、彼に残されたのは、新聞記者時代に得た取材と編集の専門的知識だけである。ヘフナー氏は金をかき集めて、グラマー娘のカラーヌードを折り込んだ『プレイボーイ』誌を発行した。これが、ヤンキー気質に大受けに受けた。辞表を叩きつけ、クビになった新聞記者は、たちまち、人気雑誌の名編集長、大社長となってしまった。

『プレイボーイ』誌が成功すると、ヘフナー氏はシカゴで『プレイボーイ・クラブ』を開き、ウサギの耳とシッポをつけたバニー・ガールで客を引きつけた。『プレイボーイ・クラブ』もフレッシュでお色気がこぼれそうなバニー・ガールのために、これまた当たりに当たり、世界各地に『プレイボーイ・クラブ』の支店が続々と誕生した。

現在、ヘフナー氏は『プレイボーイ館』で二〇人の美人にとりまかれて、ノウノウと生活しているという。

彼もまた、独身である。

命と財産をかけて女房をもらうより、美女を適当に取り替えている方がお好きらしい。ヘフナー氏の場合は『女』を商品として売りまくって成功している。それもこれも彼が独身であったから、できたことかもしれない。

46 一人合点して相手を信用してはならない

私は世界各国のユダヤ商人を相手にしている関係から、彼らの紹介で来日する色々《いろいろ》なユダヤ人とつき合ってきた。ユダヤ商人の紹介でやってくるからといって、必ずしもユダヤ商人であるとは限らない。むしろ、商人でないユダヤ人の方が多いといえる。しかし、商人ではなくても、ユダヤ人はみんなユダヤ商法の基礎はマスターしているのである。私は、商人ではないユダヤ人とつき合うたびに、そのことをいやというほど思い知らされたものである。

ある時、ユダヤ人の画家が、私の親しいユダヤ商人の紹介でやって来た。私は、その画家を銀座の『クラウン』というキャバレーへ連れて行った。

そのユダヤ人の画家は、賑やかにとりまいたホステスの一人を、画用紙を出してデッサンし始めた。やがて、でき上がって見せてくれた絵は、本職だけあって、さすがにうまい。

「とてもうまいじゃないか」

私がほめてやると、画家は私と向かい合うポーズで、再び画用紙に絵筆を走らせ始めた。ときどき、私の方へ左手を伸ばし、親指をつき立てて、それから再び画用紙に向かう。私の位置から、彼の描いている絵は見えなかったが、どうやら私をモデルに描いているようだ。

——それならば、彼の描きやすいようにしてやろう。

私は、少し横顔を見せたポーズを取って、一〇分間ほど、じっとしていた。

「さあ、できた」

彼がそう言い、私はホッと溜息をついた。

「銀座のユダヤ人」もカタナシ

しかし、彼が見せてくれた絵を見て、私はあっけにとられた。彼の画用紙には、彼自身の左手の親指がスケッチしてあったのである。

「せっかく、ポーズを取ってやったのに、ひどい奴だな」

私は文句を言った。画家はそんな私を見て愉快そうに笑った。

「ミスター・フジタ。あんたはシカゴでも有名な〝銀座のユダヤ人〟だ。だから、ちょっと試してみただけさ。しかし、あんたは、ぼくが何の絵を描いているかも確かめもせず、自分が描かれていると一人合点して、好意からポーズを取った。その善意はとやかくいうべきものではないにしても、そんなことじゃ、まだまだダメだね。とてもじゃないが〝銀座のユダヤ人〟とはいえないよ」

私は、画家がホステスを描いてみせたので、つぎはてっきり私だと思い込んでいたのだ。

そういえば、一度、商売がうまくいった相手でも、ユダヤ人は次の取引の際には、新しく取引を開始する相手以上には、決して信用しようとはしない。商売の相手は、一回一回すべて「初回」なのだ。二回目だから前回のようにうまくいくはずだ、と一人合点《がてん》をして相手を信用するようでは、まだまだユダヤ商法に合格したとはいえないのだろう。

私は、一瞬、目の前に坐っているのは、絵描きではなく、本職のユダヤ商人ではないだろうか、と錯覚したほどだった。

47

国家の主権なんかクソくらえ

ナチス・ドイツは、第二次世界大戦中、狂ったようにユダヤ人狩りを行い、六百万人のユダヤ人を殺害した。戦後、大半のナチスの指導者が軍事裁判で死刑もしくは終身刑の判決を受けた中で、アイヒマンただ一人が、行方が分からなかった。

それもそのはずで、アイヒマンは南米へ逃れ、アルゼンチンの国民になりすまして、生きのびていたのである。

そして、そのことは、ついにイスラエル秘密警察の知るところとなり、イスラエル秘密警察は、確かにアイヒマンであるという確証を握ってから、アルゼンチンへ乗り込んで、アイヒマンを逮捕し、イスラエルへ連れて帰ったのち、裁判で死刑を宣告し、刑を執行した。

罪もない多くのユダヤ人をガス室へ送って殺戮を繰り返していたナチスに対して、私は一片の同情すら示そうとは思わない。アイヒマンの死刑は当然であると思う。

しかし、アイヒマンの罪は罪として、私はイスラエル秘密警察がアルゼンチンへ乗り込んでアイヒマンを逮捕したということが、なんとなく不満だった。あまりにも堂々と、イスラエル秘密警察はアルゼンチンの国家の主権を侵している。通常、こういった問題が起きた場合、一方の国が相手国に犯人の引き渡しを要求し、政治的に解決されるわけであるが、イスラエル秘密警察は、ドヤドヤとよその国へ踏み込んで、アイヒマンを引き立てて行ったのである。アルゼンチンはイスラエルによって、明らかに主権を侵されている。

世界ジャーナリストもユダヤ党？

奇妙だったのは、その時の世界のジャーナリズムの態度だった。アルゼンチンの主権が侵された、と騒ぎ立てた新聞は一社もない。どの新聞も口を揃えて、アイヒマンが悪人だということしか書かなかったのである。

一国の主権が侵されたということは、それだけで大騒ぎして然るべきである。それを、どの言論機関もまったく無視し、アイヒマンの罪状を書き立てるだけなのだ。

これは、ユダヤ人の力が、世界の言論機関に及んでいるということの、何よりの証拠である。不偏不党であるべきジャーナリズムも、すでに偏ユダヤ党になっているのだ。

私は、アイヒマン逮捕事件で、イスラエルがアルゼンチンの主権を侵したのは、けしからん、と何人かのユダヤ人に、イスラエルの非をなじった。

「そりゃあ、あんたが間違っとる。主権もクソもあるものか。なにしろ六〇〇万人のユダヤ人を殺した奴だぜ」

ユダヤ人は当然のような顔で、私を軽くあしらった。しかし、私は、そんな理論は通らないと思っている。

私に言わせれば、通らない理論を通させるところに、ユダヤ人の実力の凄さがある。ジャーナリズムさえ黙らせてしまえば、国家の主権を侵すことを始め、なんでも思いのままに振る舞える。ユダヤ人はそれを知っているし、すでに実行しているのだ。

48 納得するまでたずねること

日本人は外国旅行をすると、ガイドに案内されて名所旧蹟を見てまわり、満足して帰ってくる。これは、多分、小中学校時代や高校時代の修学旅行の性癖《せいへき》が抜けきっていないからだろう。つまり、幼稚な旅行をやって喜んでいるのだ。

というのも、日本人は西欧諸国をまわっても、イギリス人、フランス人、アメリカ人、ユダヤ人など、一目見ただけでは区別がつかない。顔も区別がつかないのに、その国の国民生活を理解するなどは、大変な難事業である。それより、のんびりまわって来よう、ということになる。

魚屋に言わせると、魚にも一匹ずつ人相があるそうだ。このハマチはベッピンだとか、こいつはブオトコだ、というのが、ちゃんと見分けがつくそうである。私も、ユダヤ人との二十数年にわたるつき合いで、ユダヤ人はひとめで分かるようになった。ユダヤ人にはユダヤ人独特の鋭いワシ鼻がある。その鼻で区別がつく。

日本人が白色人種の区別がつけにくいように、白色人種にとって、日本人と中国人、朝鮮人を見分けることは、至難のわざといえる。大半の白色人種は、日本人同様、骨を折って見分けようとはしない。しかし、ユダヤ人だけは別である。彼らは名所旧蹟に対しては、さして関心を示さないが、他人種や他民族の生活や心理、歴史に対しては、専門家以上の好奇心を示して、その民族の裏側まで、のぞき込もうとする。

“中途半端”の罪と害

こうした好奇心は、ユダヤ人の長年の放浪と迫害の歴史からくる他民族への警戒心であり、自己防衛本能のなさしめる悲しい習性かもしれないが、このユダヤ人の好奇心がユダヤ商法の大きなバックボーンになっていることは否めない。

来日したユダヤ人が私の事務所へやってくると、必ずといっていいほど、

「フジタさん、自動車を貸して下さい」

という。

「名所めぐりなら、案内しますよ」

「案内はいりません。十分に予備知識は仕入れてきましたから」

車を貸すと、地図とガイドブックだけを持って、出かけて行く。数日して帰ってくると、それからが大変なのだ。車のお礼だ、と言って、私を食事に誘ってくれるが、私は食事もろくにできないほどの質問攻めに合わされる。

「日本の男は、外では着物を着ないのに、家庭では、なぜ、着物を着るのか」

「なぜ、タビの色は白いのか。白は汚れが目立つではないか」

「なぜ、ハシを使うのか。スプーンの方が食べやすいではないか、ハシは日本人の祖先が、貧乏な生活をしていた時代の名残りではないか」

質問、質問、質問――。ユダヤ人は自分が納得するまで質問の手をゆるめない。「聞くは一時の恥」どころではない。こちらにあいまいな知識しかなければ、こちらが大恥をかいてしまう。彼らは決して中途半端に納得はしないのだ。そして、その中途半端に納得はしないというユダヤ人の性格は、ユダヤ商人との取引にも、はっきり現れる。

納得してから取引する――これはユダヤ商法の鉄則でもあるのだ。

49 敵状を知れ

ユダヤ人が、こと日本に関することで私を質問攻めにする時、彼らは日本人の非合理性を発見して、突っかかってくることが多い。ユダヤ人は日本の風俗、習慣、伝統、趣味まで理解が行き届いているわけではないから、トンチンカンな珍問、奇問を並らべて、私を困らせる。しかし、そういう彼らの珍問、奇問も、もとはといえば、人間は合理的で快適な生活を送るべきだ、という彼らの人生哲学から出てくるのである。その意味では、日本人の生活様式はもっと進歩する余地があるといえよう。

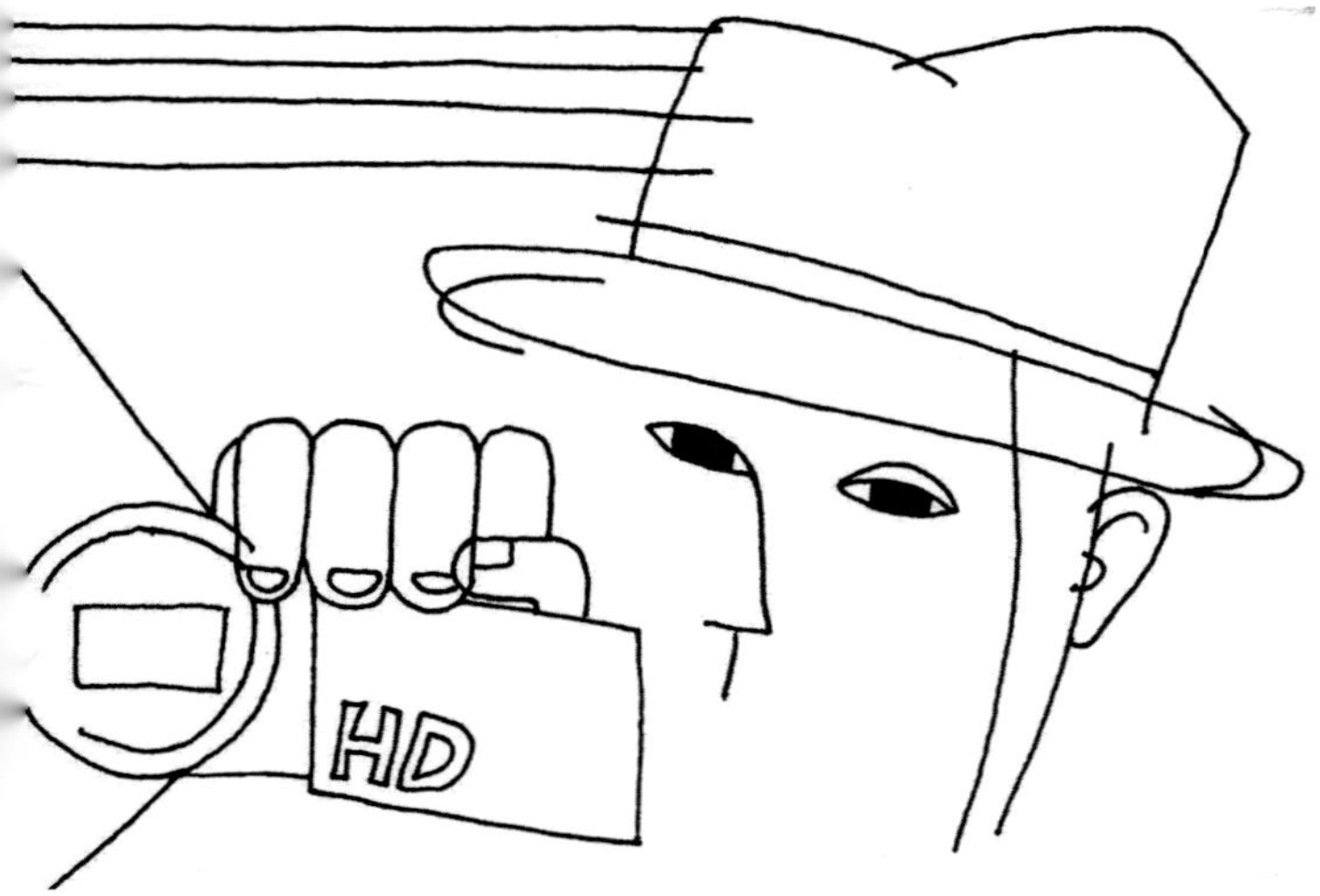

彼らは克明なメモでも取るように、旅行先の民族の風俗習慣を八ミリやスライドに記録して保管している。一家団欒の時などに、こうした八ミリフィルムを映写して、楽しみながら、異国の風習を家族に紹介するのだ。日本へ一度も来たことがないはずのユダヤ商人の子弟が、日本のことに非常にくわしく、こちらが面くらうようなことも、しばしばあるが、それは、父親から繰り返し繰り返し日本のフィルムを見せられているからに他ならない。

『敵を知り、己れを知れば、百戦危うからず』

とは、孫子の兵法である。ユダヤ人は、孫子の兵法すら、先刻ご承知なのである。

蛇足ながら、私は歴史の古い中国にも、

ユダヤ人の五〇〇〇年の公理に勝るとも劣らない、中国人の公理があると思う。しかし、残念ながら、中国人の公理は漢字で書かれている。もしも、あれが漢文ではなく、英語で書かれていたら、中国人の公理は、もっと世界の人々に活用されていたかもしれない。中国人が漢字でしか公理を書かなかったこと。これが中国人の公理の致命的な欠陥である。英語を読み書きできなきゃダメだ、と私が声を大にするのも無理はないだろう。孔子や孟子が英語に達者であったなら、クレオパトラの鼻があと二ミリ低かったらという以上に世界の歴史は変わっていただろう。

50

休息は必ずとれ

金に糸目をつけず、たっぷり食べれば、結果として健康になる。この健康がユダヤ商人の最大の元手なのである。二〇〇〇年もの間、迫害されながらも、ユダヤ人の血が決して絶えることのなかった理由も、ユダヤ民族がいかに〝健康〟を重要視してきたかの現れである。

それにくらべると、日本人のサラリーマンは満足に食事もせずに連日の残業に耐え抜いている。昼食はザルそばで軽くすませ、一週間セッセと働き、たまの休日には家族に追い立てられて渋滞街道へドライブに出かけなければならない日本人の哀れさは、いったい、どう受けとめたらいいのだろう。これで、日本人の血脈が絶えなかったのは、キリストの復活以上の奇跡である。

ユダヤ人は、金曜日の夜から土曜日の夕方まで、禁酒禁煙禁欲と、すべての欲望を絶って休息に専念し、神に祈りを捧げる。この日、ニューヨークの自動車の交通量は半減するといわれるほど、ユダヤ人は厳格に休息の掟を守っている。

二四時間、たっぷり休息して、土曜日の夜からが、ユダヤ人のウィークエンドである。休息を十分にとったあとで、今度は悠々と週末を楽しむのである。

働くばかりでは、いずれは健康をそこね、人生の目的である快楽を味わえなくなることを、ユダヤ人は長い歴史を通じて、知っているのである。

働いたら必ず休むことを、忘れてはならない。

51
恥垢をとって病気を追放しよう

ユダヤ人は白人には珍しく入浴好きである。ドイツ人は二週間に一回、フランス人はそれよりも少ない回数しか入浴しない。しかし、ユダヤ人の入浴ペースは、毎晩である。それほどユダヤ人は、清潔好きな民族なのだ。

ユダヤ人の男性はユダヤ教の教えに従って割礼《かつれい》を受けている。しかも入浴する都度、丹念に恥垢を取る。多分、そのためと思われるが、ユダヤ人の女性は他民族の女性にくらべて、子宮ガンになる率が極端に低い。このことは医学的統計にも数字となって現れている。

ユダヤ人の男性が割礼を受けるのは、純粋に宗教的な儀式であるとも、あるいは、快楽を人生の目的とする彼らの生き方から出たものであるともいわれている。しかし、理由はともあれ、子宮ガンになる女性が少ないという事実は、ユダヤ人が健康と清潔さは切っても切れないものであることを熟知していることを、物語っている。

ユダヤ人は、水が不足している場合でも、緊急事態の中にあっても、必ず、体の二カ所だけは洗うようにとしつけられている。これは、ジュウイッシュ・バスと言われている入浴法で、体の二カ所とは、陰部と脇の下のことである。風呂の中でもユダヤ人はこの二カ所はとくに入念に洗う。

話はいささか脱線するが、ユダヤ人が西洋風呂に入る時は、西洋風呂へ横たわって、水位がおなかすれすれにくるように湯を入れる。そうすれば、当然、シンボルは水面上に浮上するから、そいつをつかんで丁寧に恥垢を洗い落とす。

その点、日本の風呂は、はるか水面下にシンボルがチンボツするから、とかく洗うのを失念しがちになるが、そこを洗うということは、一家の主婦である女房の健康を保証するものと考えるなら、あだやおろそかにはできないはずである。

52

ボインは赤ちゃんのためにあるんやでェ

ユダヤ人の女性は別にして、異邦人《ジェンタイル》の女性はユダヤ人と結婚したがらない。ユダヤ人の中でも優秀な連中ほど子供ができにくいが、ジェンタイルの女性がユダヤ人と進んで結婚するようになれば、ユダヤ民族のそんな悩みもなくなるだろう。

ジェンタイルの女性がユダヤ人と結婚したがらないのは、差別されて来た民族ということも多分にあるかもしれないが、もう一つの理由は、人工栄養による育児が認められていないからである。

「人間の子は人間の乳で育てなければならない」

それがユダヤ人の考えである。

「母乳こそ自然の理に適っているし、我々は何千年もの間、母乳で子供を育てることを守らされて来た。人間の子を動物の乳で育てる方が間違っている」

ユダヤ人はそう主張する。母乳を与えることで、女性のバストのプロポーションが崩れることなどは、まったく意に介さない。これが、ボインの曲線美をなんとか守ろうとするジェンタイルの女たちにユダヤ人が敬遠される、最大の理由なのである。

万一、ユダヤ人が母乳の育児を放棄したら、そのユダヤ人はユダヤ教会から放り出されるのである。ユダヤ教は自然の理に反することは認めないからである。

日本の中に渦巻いている掟は、不合理で不自然なことばかりである。何千年の歴史の流れから物を見るというほど視野の広くない日本人は、不合理で不自然な掟に喜んで従っているのである。

53 百点満点で六〇点とれば合格

ユダヤ人同士の商取引でも、時にはいさかいが起こる。そんな時、両者はユダヤ教の牧師《ラバイ》のもとに話を持ち込んで、ラバイの裁定を仰ぐ。これは、昔、いさかいを解決するにもユダヤ人はキリスト教徒の裁判所を使用できなかったことから起こった、ユダヤ人の生活の知恵であり、それはそのまま、今日まで引き継《つ》がれているのである。

そこで下されるラバイの判定は、神の裁定であって、絶対服従が要求される。ラバイの裁定に従うことができないものは、ユダヤ人社会から締め出されてしまうのだ。

ユダヤ商法といえば、冷酷無惨なシェークスピアの『ベニスの商人』を思い浮かべる人もいるだろう。しかし、『ベニスの商人』はユダヤ人を迫害するために書かれた愚劣きわまりない劇なのである。本当のユダヤ商人には、血も通っておれば涙もあるのだ。金のためには妻をも信じないユダヤ商人も、ユダヤ教の戒律には絶対服従する血の通った人間である。

「人間にできること」の限界

ユダヤ人にとっては、絶対的なライバルも、時には失敗することがある。

ニューヨークで大がかりな密輸団が検挙された時、歯みがきのチューブに宝石を入れて密輸していたラバイがあげられたことがある。

日本で、高僧がこんなことをしたら、信徒一同、呆れ返って寺に火をつけるかもしれない。ところが、ユダヤ人は、まことに淡々としていたのである。

「ラバイだって人間だ。間違いを犯すことだってあるさ」

そう言うのである。

ユダヤ人にとっては、ラバイも一個の人間であり、人間であれば一律に合格点は六〇点だ、というのである。

日本の大学では、八〇点以上が「優」、七〇点から七九点が「良」、六〇点から六九点が「可」、五九点以下が「不可」である。つまり合格点は六〇点以上となっている。

ユダヤ人が、それに似た点数で六〇点を合格点としているのは、理由がある。

冒頭に、ユダヤ人の世界観は『七八対二二、プラスマイナス一』であると書いたが、この『七八』の七八パーセントが『六〇』（78×78％＝60・84）である。

神様や機械には一〇〇を求めるユダヤ人も、人間に対しては六〇点しか求めないのである。

54 ユダヤ教徒になれ

世の中にはユダヤ人の信奉するユダヤ教を悪《あ》しざまにいう人もいるが、私はユダヤ教は立派な宗教であると思っている。もしも、ユダヤ教が、一部の人がいうようにインチキな宗教であれば、五〇〇〇年もの間、存在し続けるはずはないと思う。

ユダヤ教を信仰するユダヤ人は、実に金儲けがうまい。私は、全世界の人々がユダヤ教の信者になればいい、と思っている。そうすれば、戦争はなくなるし、皆、儲かるし、地上の楽園が出現するのではないだろうか。

ひょっとして、何百年か後には、地球上のすべての人々がユダヤ教の信者になるかもしれない。このままでは、ユダヤ民族のような優秀な民族に、全世界が征服されるのは、時間の問題であるといってもいいだろう。

日本の神道にも、商売の神様やお金の神様がいらっしゃるようだが、どう見てもユダヤ教の神様の方がご利益があるような気がする。

55 ダイヤモンドは一代ではダメ

ハンドバッグなどのアクセサリー屋として貿易商の第一歩を踏み出した私も、仕事を続けていくうちに、どうしても宝石が扱ってみたくなった。宝石といえば、なんといってもダイヤモンドだ。

私は、世界的なダイヤモンド商人の、ハイマン・マッソーバー氏に、取引を申し入れた。

ハイマン・マッソーバー氏は私に厳しい条件をつけた。

「ダイヤモンドをやりたいなら、少なくとも百年計画でやるべきだ。もちろん、お前一代ではダメだ。それから、ダイヤモンドを扱う人間は、世間の人の尊敬を受けるような人物でなければならない。ダイヤモンド商は、人から信頼されることが、商売の基礎である。そのためには、なんでも知っておくことが必要だ。ミスター・フジタは、オーストラリアの付近には、どんな深海魚がいるか知っているかね」

ハイマン・マッソーバー氏は私にこう言ったものだ。

その後、私は念願のダイヤモンドを扱うようになったが、ダイヤモンドを扱うユダヤ商人は、取引相手にも自分と互角の知識を持つように要求してくるのだ。人品いやしい、無教養な相手とは、決して取引はしない。

56 儲けはイデオロギーを超越する

ユダヤ人は、全世界に散らばっているユダヤ人同士で、常に緊密な連絡を取り合っている。ことユダヤ人に関する限り、アメリカ系ユダヤ人も、ソビエト（現・ロシア）系ユダヤ人も同胞である。ロンドンもワシントンもモスクワもつながっているのである。

アメリカのハリー・ウィルストンというダイヤモンド研磨商なども、全世界のユダヤ人と組んで商売をしている。

スイスのユダヤ人（＝スイッチャー）は、中立国の強味を最大限に発揮して、ソビエトのユダヤ人ともアメリカのユダヤ人とも結んでいる。スイッチャーを使えば、アメリカ人とソビエト人は、自由に貿易できるのである。

ユダヤ人の世界には資本主義も共産主義もない。

「キリストもマルクスも、人を殺せ、とは言っていませんよ。どうすれば人間がしあわせになるかという見解がほんのちょっと違っただけです。ふたりともユダヤ人ですからね、殺せ、なんて、そんな無茶は言いませんよ」

という。だから、ソビエトのユダヤ人とアメリカのユダヤ人がスイッチャーを使って商売をするのは、当然の常識なのである。

「ソビエトの人間と取引して何が悪いんです?」

ユダヤ人は首をかしげる。全世界を相手に商売をしているユダヤ人にとっては、相手の国籍などは、メじゃないのだ。ユダヤ人がユダヤ人以外の人と取引をする時、いちいち「ドイツ人」とか「フランス人」と相手を分けて呼ばず、すべて『異邦人』で片づけているのも、ユダヤ人が国籍など毛頭気にとめていないからである。

儲かる相手なら国籍など問う必要はまったくない。

57 寿命を計算せよ

相手の国籍なんか問わない、というと、いかにもあくどいことをやるのがユダヤ商人だというイメージがつきまとう。

ユダヤ商法にとっては、合法的であり、かつ、人を泣かせたり、いじめたりするのが目的でなければ、金をあくどく儲けることは、なんら非難されるべき行為ではなく、むしろ、正当な商行為なのである。

買い占めて値段をつり上げて儲けるのも、立派な商法である。買い叩くことは悪いことではなく、買い叩かれるような商売をやる方が非難されるべきなのである。

法律に触れず、しかもユダヤ教の教えに従う限り、金儲けのためには、どんな手段を用いても、それは仕方のないことなのだ。

つまり、それほど金儲けに関しては厳しいユダヤ人であるから、当然、自分の寿命は計算している。自分ばかりではない。相手の寿命もちゃんと計算している。

「あなたは五〇歳ですか。そうすると、あなたはあと一〇年ですね」

平気でそんなことを言う。もしも日本人が面と向かってそんなことを言われようものなら、顔色を変えて「縁起でもない」とブリブリ怒り出すところだが、ユダヤ人同士だと、言われた方もケロリとしている。ユダヤ人は、人間の生命は永遠ではない、という真実をふまえているだけなのだ。

一代では勝負しない

私がシカゴで会ったユダヤ人の大金持ちの老人は、邸宅は持たず、アパートを借りていた。

「あなたほどの金持ちなら、何もアパートなんかにいなくても、いくらでも家が買えるでしょう」

私はいささか呆れてしまった。

「家なんか買っても仕方ないね。どうせ、あと数年で死んじゃうのだから」

老人は平然としてそう答えたのだった。

「あと何年」

自分の寿命をそうやって冷静に計算できないところに、インチキな話がまかり通る日本式商法の温床があるといえよう。自分の寿命すら、計算せずにごまかしてしまおうとする日本人を、ユダヤ人がどうしても信用する気になれないのは無理もない。

ユダヤ人は隠居をしない。隠居をしないユダヤ人が「オレはあと五年だ」という時は、五年後に仕事から引退する、という意味ではなく、五年後に死ぬだろう、ということなのである。

ユダヤ人が、このように寿命が計算できるのも、ユダヤ人には「先祖代々」という観念が徹底しているからで、一世代四〇年の単位で仕事をしている日本人は、息が短いといわざるを得ない。

58 ユダヤ人はだますな

ある日、私の事務所へ、G《ジー》と名乗るアメリカ人の弁護士から電話がかかった。

「相談したいことがあるから会ってくれ」

という、アポイントメントを取りつける電話である。あいにく、私は忙しかったので、その旨を伝えて断った。

「なんとか時間をさいて欲しい」

「残念だが、そんな時間はない」

「それでは、ミスター・フジタ、一時間二〇〇ドル払う。それで会ってくれないか」

Gは時間に値段をつけた。一時間に二〇〇ドルもらったところで仕方がないが、そうまで言うところを見ると、よほど緊急の用事らしい。

「よろしい。三〇分だけ会いましょう」

私はそう返事をした。

事務所へやって来たGの相談というのはこうだ。

Gが顧問弁護士をしているアメリカの会社が日本のある商社と提携することになったが、果たしてその日本の商社が契約を守るかどうかそれを監視するインスペクター（監視者）が欲しい。月に一〇〇〇ドル払うが、適当な人物を紹介してもらいたい、という。

G弁護士は、私へのユダヤ人からの紹介状を持っていた。

「あなたが、この男ならだいじょうぶ、という人ならば間違いない。あなたはユダヤ人の友だちだから」

G弁護士はこういう。

私は日本の商社との間に交した契約書を見せてくれ、といった。

「契約書は完璧ですよ」

G弁護士はこう言って私に契約書を見せてくれた。私は一読して、思わずニヤリとした。アメリカ人から見ると確かに完璧かもしれないが、日本人の眼で見ると、抜け穴だらけのインチキくさい契約書である。

「これじゃあインスペクターが必要だよ」

私は弁護士に契約書の不備だと思われる点を指摘し、英語はできるがちょうどブラブラしていた男をインスペクターとして紹介した。彼は、ほとんど仕事らしい仕事もせずに、月に一〇〇〇ドルせしめている。要は頭の使いようである。

それにしても、ユダヤ人をだましたり、引っかけたりは、絶対にしないことだ。彼らの力を知ったならば、それが自分自身の致命傷となってはね返ってくることは、あまりにも明白だから。

59 時間の使い方を考えろ

私が日本マクドナルド社の社長におさまって、ハンバーガーに手を出した直後、私のところへユダヤ人がやってきた。私は、四店舗開店し、次の店を準備中で大わらわの最中だった。

「ミスター・フジタ、目下、ヒマでしょ」

ユダヤ人はのんきな声を出した。

「冗談じゃないよ。ヒマなんかない」

私はいささか、むかっ腹だった。

「いや、ミスター・フジタ。あんたは確かにヒマだよ」

「ヒマじゃないッ」

「へーえ、ヒマじゃないくせに、よくもハンバーガーの店を四店舗もキープして、さらに次の店を出せる準備ができるものですね。あんたがそれだけやれるってことは、結局ヒマだからだと思うがね」

私はグウの音もなかった。そういえば、ユダヤ人の言う通りだ。

ユダヤ人はニヤリと私にウインクした。

「ミスター・フジタ。ヒマのない人間はお金儲けなんかできません。商人は金を作ろうと思ったら、まずヒマを作らなくてはダメです」

まったくその通りである。

Part Ⅳ

銀座のユダヤ人語録

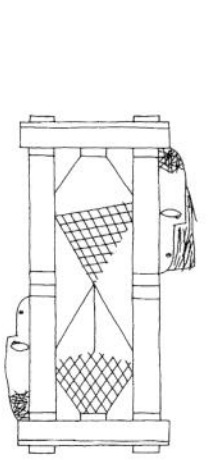

60 ユダヤ人を食え

さきに書いたように、リヒテンシュタインの税金は、法人、個人を問わず年間二五〇ドルと決まっている。七〇〇〇万円で国籍を買っても、日本のベラボウな累進《るいしん》課税のことを思えば、十分にペイする。世界のユダヤ人にとって、リヒテンシュタインの国籍は大変な魅力になっているが、私自身にとっても、リヒテンシュタインの国籍は魅力十分である。

「なんとか、リヒテンシュタインの国籍は取れないものだろうか」

私はローエンシュタイン氏（前出スワロスキーの会社の製品の販売権の所有者）に相談した。

「それでは、リヒテンシュタインにあるウチの本社へ行って、ヒルトーというマネージャーに相談したまえ」

ローエンシュタイン氏はそう言って、本社のヒルトー支配人に紹介状を書いてくれた。

私はそれを持ってリヒテンシュタインに飛び、アポイントメントを取るべくヒルトー支配人に電話を入れた。ところが、相手の言葉がさっぱり分からないのである。英語でもなければ、フランス語でもドイツ語でもない。

えい、こうなりゃ直接乗り込むだけだ。私はそう決めて、電話を切るとローエンシュタイン氏に教えられた住所へタクシーを飛ばした。

本社というところへ行って見て、私は驚いた。小児マヒで歩行困難な小男が一人で留守番をしているのだ。よく聞いてみると、その小男が、ヒルトー支配人なのである。

言葉は相変わらず分からないが、それでも、カタコトの英語を交えて彼がしゃべったことは、要約すると「オレは何十という会社の代表をやっている。ローエンシュタインの会社だって、オレが社長なんだ」というような内容である。

「オレは、世界中の税金を払いたくない連中の会社の社長をやっているんだ」

そういったことをまくしたてている。

リヒテンシュタイン国民のうらやましい特権

私は合点がいった。ヒルトー氏のように、リヒテンシュタインの国民の中には、名義上の社長を引き受けて、一生遊んで暮らしている人たちがいるのである。「酒、女――。あらゆる道楽が、リヒテンシュタインの国民であるというだけで可能なのだ」。ヒルトー氏は、いかにもそういわんばかりだった。

私はヒルトー氏の話を聞いているうちに、なんとなくおかしくなって来た。ここにいる連中は、ユダヤ人にせっせと働かせておいて、自分たちはユダヤ人の金で好き放題のことをやって生活しているのだ。なんのことはない。みごとにユダヤ人を食って生きているのだ。

「オレの目の黒いうちは、お前をリヒテンシュタイン人にはしてやらない」

ヒルトー氏は、何十という会社の社長机をすべて兼ねている事務机の前に大いばりでふんぞりかえって、そんなことを言った。私は、そのために、いまだにリヒテンシュタイン人にはなれないでいるが、ユダヤ人を食っている実物を目のあたりにして、そういう生き方もあったのか、と大いに意を強くしたものである。

私は、ひところは、ユダヤ人には全面降伏しかない、と考えたものだが、上には上がいるものである。

61

金儲けのできん奴はアホで低能や

私は、日本人のように勤勉な国民が、なぜ貧しいのかと思う。

私がそうグチをこぼすと「政治家が悪いからだよ。リーダーが悪い」という人がいる。

日本の政治家の悪いのは、これはもうどうしようもない。後進国というところでは、政治家は質が落ちるものと決まっている。

私に言わせるならば、頭さえ使えば、金の儲かることはゴロゴロころがっている。

儲かるタネはいくらでもある。ザクザクある。

それなのに金儲けのできないヤツは、アホで低能で、救い難いヤツである。

62

法律の欠陥をつけ

私はかつて加工貿易品の輸出実績を買い集めて、原料の輸入割当てを大幅に割り当てられて儲けたことがある。

これは、私が、『輸出実績に応じて輸入数量を割り当てる』という法律を活用しただけである。幸いにも法律は、まさか私のように輸出実績を買い集める男が出てくるとは思わないから、輸出実績の売買は禁止してはいなかった。私は、そういった法律の欠陥をついて、儲けたのである。

法律なんてものは、どうせ人間の作るものだ。ユダヤ式に言えば、六〇点すれすれで合格したような不完全な法律ばかりである。そこへ着目しなくちゃならん。

法律の欠陥や法律の隙間には、キャッシュがぎっしり詰《つ》まっているものと思え。

63

〝根まわし商法〟は蹴っ飛ばせ

私は相変わらずアクセサリーの輸入も続けており、デパートに最高級ハンドバッグを卸している。デパートとそうした取引があれば当然デパートへも出向いて行く機会が多い。私はデパートへ行くと、売り場へ直行して、仕事の打ち合わせだけすませると、さっさと帰ってくる。

ところが、日本という国はマカ不思議な国で、私が売り場で現場の人たちと仕事の話を済ませて帰るだけではいかんのだそうである。

「ねえ、藤田さん。きょうは藤田さんが来られるというので、うちの部長が部屋で待ってるんですよ。ちょっと顔を出しておいてくれませんか」

売り場の若い人は、私の顔を見ると決まってこう言う。

「だって、もう仕事の話は君と済ませたし、特別に用事があれば、部長がここへ来ればいいじゃないか」

「いや、特別に用事はないんですが、次に入れる品物のこともありますし、ここは、まあ根まわしみたいなもので……」

「すると、仕事の話の前に仕事の話があるというのかね」

「いや、そうじゃないんですが、藤田さんが売り場まで来ながら、部長のところへ顔を出さなかったとなると、部長、気を悪くしますから……。つまり、根まわしですよ」

こういうヤリトリと相なる。

私はこれが気に入らん。だいたい、根まわしとは何か。ムダ以外の何物でもない。そんなものは蹴っ飛ばすに限る。

もしも、私が売り場の若い人の意見を入れて部長に会い、次はこんなハンドバッグを入れるからよろしく、といったとすると、部長は、

「よし、分かった」

とは、決して言わない。

「そうか、それじゃ、担当の何某《なにがし》を呼ぶから話してみたまえ」

なんのことはない。こっちは部長の前でもう一度、売り場の若い男と引き合わせられ、同じ話をしなきゃならないのだ。売り場で一回、部長に一回、部長の前で売り場の若い人にもう一回。同じことを三回しゃべらなきゃならない。まるで警察につかまえられた強盗

の犯人のように、同じことを復習させられる。

こんなムダがまかり通っているところに、金儲けのきわめてヘタクソな日本商法独特のロスがある。

64 エライ奴こそ働け

私に言わせるならば、デパートを例にとれば、売り場の若い人の方が忙しくて、部長は自室でのんびりとゴルフ雑誌などを鼻クソほじって読んでいるということが、そもそもけしからん。

給料が多いのは部長の方ではないか。経験豊かなのも部長の方ではないか。判断力にまさるのも部長の方ではないか。そんな人が遊んでいるということは、企業にとっては大変な損失である。給料が安く、経験も浅く、判断力もないペエペエが手持ちぶさたでブラブラするのは仕方がないが、おエラ方はカゼをひく暇がないほど働くべきだと思う。その間、ペエペエはのんびりとゴルフでもしてりゃいい。

65 ユダヤ人のペースに乗るな

ユダヤ人は歴史の古さを必ず自慢する。ユダヤ商法ができた時は、日本なんかアマノイワト（天岩戸）の前でアマノウズメノミコト（天鈿女命）がストリップをやってたころじゃないか、といわんばかりである。ユダヤ人の言う通り、ユダヤ人が契約という商行為を行っていたころ、日本では、多分、物々交換という原始的な商行為すらあったかどうか疑わしい。

しかし、私はユダヤ人にいばりっぱなしにはさせない。

「日本人は二〇〇〇年間、帰る土地を持っているんだ」

遠慮せずにそう言ってやる。

「それだけはうらやましいと思っている」

ユダヤ人は、寂《さび》しそうな顔をするが、私はユダヤの歴史の古さには敬意は表しても、ユダヤ人のペースには巻き込まれないことにしているのだ。

66

懐疑主義は無気力のモト

ユダヤ人と接して、私が彼らから最初に指摘された欠点は、私の懐疑主義である。

「いいか、オレたちは、お前にユダヤの公理を教えているのだ。四〇〇〇年以上通用している証明不要の公理を教えているんだ。素直に受けとったらどうかね。他人を信じずに自分ひとりを信じようとする態度はいいが、他人の言うことをすべて疑ってかかることは、行動のエネルギーを阻害する以外の何物でもない。懐疑主義は結局無気力に陥ってしまうだけだ。それでは金儲けなど、とてもできないよ」

ユダヤ人は、よくこう言ったものだ。

日本人は契約を交わしたあとも、相手を信じようとしないが、ユダヤ人は契約を交わしたら相手を全面的に信頼する。それだけに、契約が破られ、信頼が裏切られた時は、決して、マアマアでは済まされない。徹底的に損害賠償を請求してくる。

しかし、私のこの性癖はなかなか直らず、そのためにずいぶん損をしたものだ。

イタリアへ靴の買いつけに行って、製品について懐疑の眼を向けて、あれこれ注文をつけたら、イタリアの靴商人から怒鳴りつけられたこともある。

「日本人は靴をはき始めて一〇〇年にもならないじゃないか。我々は二〇〇〇年も靴を使ってるんだ。ツベコベと講釈はご免蒙《こうむ》るッ」

私はグウの音も出なかった。沈黙は金っていうのは、日本の〝公理〟だと思う。

ユダヤ人は契約違反の時は「ノー・エクスプラネーション（説明不要、いいわけ無用）」といって、違約金をまき上げる。我々も、黙って儲ければいい。沈黙は金なり、を忘れずに。

67 日本人はケツの穴が小さいからアカン

私の母校北野中学（現・大阪府立北野高校）が、一〇年前に創立九〇周年記念式典を行った時のことだ。在京理事は、アサヒビールの社長の故・山本為三郎氏と森繁久彌氏と私の三人だったが、山本氏も森繁氏も忙しいというので、私が東京代表で理事会に出席した。

議題は、九〇周年記念事業に何をするか、ということだった。原案は、図書館を作る、というもので、全員原案に賛成だという。

私は、猛然と反対した。

「理事ご一同、気が狂ってるのじゃありませんか。図書館なんぞというものは、明治政府が文盲をなくそうというのでやり出したもので、それをいまさら図書館を作るとは、時代錯誤もはなはだしい。だいたい、図書館なんかあるから、日本人は近眼が多いんだ。私も近眼で眼鏡をかけているが、ご承知の方も多いように、眼鏡は女性とキスする時でも邪魔になる。図書館なんか作っても、喜ぶのは図書館建設を請負う先輩のK組だけだ。図書館なんかやめて、自動車の練習場を作って学校へ寄贈しようではないか」

私は、そうぶったのである。ところが、採決してみると、なんと七〇対一で否決されてしまったのだ。仕方がない。それじゃ第二案として、図書館はやめてボウリング場を作って学校へ寄贈しようではないか。年を取ってもいつまでもできる健全スポーツは、ボウリングだけだ。私も一〇〇〇万円キャッシュで出す。ボウリング場にしよう、と譲歩した。

ところがこれまた七〇対一で否決。私は憤然として東京へ帰った。なんと先見の明のない奴が母校からウジャウジャ出てくれたもんだと、正直なところ、呆れ返ったものである。

またまた新プラン——世界一周修学旅行

そうこうするうちに一〇年経ち、今度は百周年記念ということになった。またもや記念事業をやるために理事会を開くという。誰が言い出したか知らないが、一〇年前に東京から来たあの気違いも呼べ、ということになって、私は飛行機で大阪へ飛び、担当の理事に会った。

「藤田さんのおっしゃる通り、一〇年前に自動車の練習場を作っておけばよかったと思います。今度は、あなたのおっしゃるように、自動車の練習場を作りますから、ひとつ寄付の方もよろしく」

という。

私は、マジマジと理事の顔を眺めましたね。

「あんた、ココがおかしいんと違いまっか。バカじゃおまへんか。いいですか、世の中は常に先手先手と打たなきゃダメでっせ。後手後手じゃあきまへん。自動車の練習場？こんなに車がふえて、どうしようもないというのに練習場？　あきまへんわ」

「それでは何がいいでしょう」

「そうでんな。一〇〇年いうと一世紀です。一世紀の重みにふさわしいいう事業といえば全校生徒を世界一周させることしかおまへんな。全校生徒一二〇〇人を、七、八月の二カ月かけて世界一周させるのや。船会社は、ワイが交渉してあげますわ。ＯＢが二万人いるんでっしゃろ。一人一万五〇〇〇円ずつ出せば三億集められまっせ。これで全校生徒を世界一周させなはれ。一二〇〇人の高校生が世界を見た。ということになると、こりゃあ、大きな財産になりますわ。三〇過ぎて海外に出たってダメですわ。若い時でなけりゃ」

理事、口をポカンとあけて聞いていたが、この実現可能なプランを実行する気は毛頭無さそうだった。

日本人は全般的にスケールが小さいからアカンのや。ユダヤ人なら、多分、私の雄大な構想にモロ手をあげて賛成してくれたに違いない。

68 東大出は役人にするな

私は日本の資本主義ほど、当てにならないものはないと思っている。

官学と私学を比較すると、官学は私学にくらべて、はるかに学費がやすい。幼稚園でも、保育料は月々四〇〇〇円は下らない今日、幼稚園の保育料よりも安い、年間一万二〇〇〇

円の授業料とは聞いてあきれる。これは官学は学生の授業料にはまったく依存せず、親方は、日の丸で運営されているからである。つまり、東大に象徴される官学の学生は、税金で育成されているといってもいい。
一方、ご承知のように、国家公務員という名のお役人の幹部の大半は、東大卒である。国民の税金で勉強させてもらった東大生は、卒業するとお役人になり、一生、税金を食って過ごすのである。資本主義の世界において、こんなバカな話はない。国民の税金で大学教育を受けさせてもらった学生は、卒業すれば今度は社会に出て、納税者となるべきである。少なくとも、一生、国民の税金で暮らすことは、大変恥ずかしい、寄生虫行為だと思うべきである。それ

をいっこうに恥ずかしいと思わないところに、東大卒の人間のあつかましさがある。

欠陥教育の犠牲者ども

不思議なことに、世の中には東大卒の男と結婚を夢見る女性が多い。私に言わせるなら東大卒の人間の頭の中は、ドス黒い欲望のみがうず巻いている。東大卒は変態性欲者といってもいい。

私自身、東大卒のくせにそんなことを言うのは、私が東大生の欠陥を、最もよく知っているからである。東大を出た人間は、いびつな日本の教育のもたらす悪習を、ことごとく身につけているといってもいい。

私は、東大卒のおムコさんが欲しい、という女性に出会うたびに忠告している。

「まったく愚かな考えです。東大を出た人間は、決してあなたをしあわせにはしてくれませんよ。退屈で、面白くない人生を送るだけです。悪いことはいわないから、およしなさい」

日本から東大が消滅すれば、日本も日本人も、もっと進歩するに違いない。

これは、あらためて、東大出身の総理大臣の実例を引き出すまでもありますまい。

69 病欠とはズル休みのこと

『病気』というのは『気』の字がついていることからでも分かるように、あれは『気のやまい』である。

私の会社でも、

「社長、カゼ引いたから、明日休ませて下さい」

と、言ってくるヤツがいる。

「ああ、休め。ただし、君が明日死んだら、君が病気だったということは信用してやろう。

一日休んで、次の日、ノコノコ出て来るようなら、そいつは病気じゃなくて、タルんでる証拠だぞ」

私はそう答える。

面白いことに、その社員は絶対に休まない。休まずに、結構、病気は治している。私に言わせるなら、一日か二日の病欠は、ズル休み以外の何物でもない。

休む時は堂々と休息のために休んでもらいたい。もっとも、私は、藤田商店創立以来、休んだことは一度もないが——。

70

休むヤツは金返せ

映画が斜陽だとか言ってるが、私は、毎月一回、全社員に強制的に映画を見せる。もちろん、会社が金を出す。ただし、くだらん映画は見せない。世界の流行の先端を行く映画を見せる。そして、今日の世界中の人々の心理状態はどんな状態にあるか。なぜ、こんな映画ができるのか、ということを考えさせる。

つまり、映画鑑賞も、大切な勉強なのである。だから、よほど特別な理由がない限り、映画鑑賞会を休むことは相ならん、と言い渡してある。それでも休むヤツからは、キップ代が損だから「金返せ」とキップ代相当額をいただくことにしてある。

社長たるもの、勉強しないヤツからは、遠慮なく給料の返済を要求すべきだ。

71 女は最大限に活用すべし

私の会社の従業員の半数は女子社員である。女子社員だからといって、お茶汲みばかりさせているわけではない。男子社員同様、海外へ商品の買付けに出張させる。古株はもちろん、新入早々の女子社員だって、海外出張させることがある。

女というヤツは、だいたい、外国に弱いから、海外出張だ、というと、目茶苦茶に喜んで、スッ飛んで行く。ムコウのユダヤ人も、日本の女性だというと、喜んで親切にしてくれる。

「テキが鼻の下を伸ばしたところで値切って買ってこい」

私はそう言いつけて送り出す。国内ではバーゲンセールはやらないから、値切って買ってくれれば、それだけで儲かるわけだ。

それに、女のバイヤーというのは、男にくらべ、利点が多い。

まず、酒を飲まない。中には例外もあるが、酒と聞いて眉が八の字になるような女は、絶対といっていいほどいないから、酒の上での失敗ということがない。

次に、男を買わない。男というものは、海外に出ると、商品の買付けより先に、女を買いたがるから、どうしても仕事が雑になる。女は海外に出たからといって、男に目の色が変わるということは、まずない。

第三に、女は仕事に忠実だ。海外旅行をさせてくれたボスには、とくに忠実だから、裏切ることは決してない。

ユダヤ商法では、女は最大の顧客であるが、同時に、最大のパートナーでもある。最大限に活用すべきである。

72

週五日制で儲からない商売はやめてしまえ

ユダヤ人は、週五日制である。

週五日制で彼らは儲けている。相手が週五日制だから、私の会社も週五日制に踏み切って、すでに長い。

向こうが週五日働くなら、こっちは六日フルに働く、というのは間違っている。五日制には五日制で対抗すべきである。

外国は五日制でもこっちは六日制だ——これでは外国相手に商売なんかできない。五日働いてペイしないような商売なら、さっさとヤメた方が賢明だ。

73

ゴルフする人は発狂しない

ゴルフをやった人ならお分かりだろうが、ドライバーが芯に当たって、ボールが一直線にはるかかなたへ飛んで行くというのは、大変な快感がある。

ユダヤ人が言うには、あの快感は、美女を陥落させた時の快感と同じだという。だからこそ、中年男が夢中になるわけである。つまり、グリーンへ出るたびに、美女を陥落させているわけだから、こりゃあ、大変なストレス解消になる。

アメリカの財界あたりでも、ゴルフの効用はちゃんと認識されている。ゴルフをやるヤツは発狂しない、といって信用がある。

社長業というのは、恐ろしく神経を使う仕事だから、どんな職業と比較しても、発狂率が一番高い。ところが、ゴルフをやると発狂しないとなれば、名医を探すよりもゴルフをやった方がいい。つまり、ゴルフ道具は高くても売れる商品である。私はそこに目をつけて、日本へ初めてマグレガーのクラブを輸入した。マグレガーのクラブは、ブラウンズウイックというユダヤ人の会社が扱っている。

74 大会社はボンクラだ

この話に一枚噛んだのがM《エム》商社である。結局、M商社がマグレガーのエージェントを取り、M商社が輸入して、私が問屋として売りさばきに当たることで話はついた。

初年度、私は二〇万ドル買った。そうするとブラウンズウィックは、次の年には四十万ドル買えと言って来た。私は買った。さらに次の年は八〇万ドル買えという。私はOKの返事をしたが、来年は一〇〇万ドルで一杯だと念を押した。自分でエージェントでやるならば、もっと売れる自信はあったが、M商社がエージェントでは面白くない。八〇万ドルの次は百六〇万ドル買え、といってくるのは目に見えていた。

私はM商社のシカゴ支店長に、エージェントを私にやらせてくれるようにと要求したが、これは一言のもとにハネつけられた。

翌年、ブラウンズウィックは、マグレガーを一八〇万ドル買え、と言って来た。M商社は、私が一〇〇万まで、といったのを知っているから、一六〇万ドルは無理だと返事をした。

「オーケー。それでは、M商社――藤田商店の連合軍は、もはや必要ない。グッドバイです」

ブラウンズウィックは、それまでマグレガーを日本で売った功績などはふり返ろうともせず、我々との取引を中止した。そして、ブラウンズウィックの店を日本へ作り、直接販売に乗り出したのである。

私に言わせるならば、M商社がボンクラだから、ブラウンズウィックとの取引が中止になったのだ、と思う。私一人でやるならばやれる自信はあった。

その後、マグレガーのマネージャーがPGAにトレードされたのをしおに、私はPGAを扱っており、自分がゴルフに熱中するかわりに、杉本英世を日本一のプロゴルファーに育て上げた。杉本英世は、正式には藤田商店の社員なのである。

しかし、このマグレガーの一件以来、私は大会社になるほどボンクラが多い、と思うようになった。大会社の社員は自分の力を過大評価し、他人を過小評価する。それが何よりボンクラである証拠だ。

75

金を持っても、デカイ面するな

日本はＧＮＰ（現在はＧＤＰ）世界第二位とか言って威張っているが、本当は貧しい国だ。石油資源を持っているわけではないし、一朝コトあれば、すべてがパーになる。それを忘れてはならない。

外国人のように、家庭が楽しくないのも、日本は国が貧しいからだ。それなのに、ちょっと金が入るとデカイ面をする。バーへ行って「社長」なんて言われてヤニ下がっている。

銀座の〝たこ焼き屋〟は客を呼ぶ時「社長」と呼びかける。そうすると客は喜んで買ってくれるのだそうだ。つまり、自称「社長」は掃いてすてるほどウヨウヨしている。社長と呼ばれて鼻の下を伸ばしていたり、金があるからといって、デカイ面すれば、その金をユダヤ人に狙われて、たちまち、巻きあげられてしまうのだ。私はこれからも、もっともっとユダヤ人と、真剣にツバぜり合いをしながら、なんとかして日本へ金を持って来ようと思う。

76 金と女は同じと思え

金儲けのヘタな人は、一生お金に縁がないが、金儲けのうまい人は、モテる男のところへは女がナナメになって走ってくるように、お金の方がナナメになって入ってくる。

日本人は外国へ行くと、金を出して外国女を買いたがる。

「一〇〇ドル出せばいい女がくるかね。もし、一〇〇ドルではあまりいい女じゃないなら、二〇〇ドル出してもいい」

そんなことをいう。私はつくづく、バカだなあと思う。金を出して買う女にいい女がいるわけはない。日本でのことを考えてみればいい。金で寝る女は、一万出そうが二万出そうが、飛び切りの美人なんていうのはいるわけがない。それなのに、外国に行けば高い金を出しさえすればいい女がいると錯覚するのが、あさましい。

いい女というものは、日本でも外国でも、タダで手に入る。

タダの女を狙うに限る。ただし、タダの女を狙うのに、手真似ではどうあがいても成功の見込みはない。女を口説くにも金を口説くにも、語学にタンノウでなければならない。サル語しかしゃべれないようじゃ、サルが洋服着てるのと同じだ。最低三カ国語はしゃべれなきゃ日本人とはいえない。そんな時代が来なけりゃ、外国のいい女を自由にしようたって、そうはいかない。

金と女は同じである。女をものにする要領で、金をこちらが追いかけるのではなく、金を呼び込む。その呼吸がのみ込めたら、しめたものだ。そうなりゃ、必然的に儲かる。

77 政治家は利用せよ

ロスチャイルド家の始祖であるユダヤ人のマイヤー・アムシェル・ロスチャイルドは、ヨーロッパの動乱時代に、ヨーロッパきっての金融資本家の地位を固めた。

彼は、ナポレオン戦争の時代、フランス軍の最高司令官を買収しながら、一方ではイギリスのウエリントン将軍に軍資金を貸していた。もちろん、高利をつけた上である。

その後も、ロスチャイルド家は、ナポレオン、メッテルニッヒ、ビスマルクなどのヨーロッパの動乱の英雄を利用したり、時には彼らに利用されたりしながら、そのつど、繁栄への道を歩み続けた。

金儲けには、政治やイデオロギーは無用であり、無関係だ。

極論すれば、利用できるならば、利用してしまえばいい。利用して帳尻が黒字になるなら、せいぜい利用すべきである。

78

ソロバンが合えば共産党へも金を出せ

私は、昭和四二（一九六七）年の総選挙で、東京四区（当時）から立候補した松本善明《まつもとぜんめい》君を応援した。ご承知のように松本君は共産党の成長株である。この選挙で松本君はみごとに当選し、一八年ぶりに東京都に共産党代議士の議席をもたらしたのである。

私が松本君を応援した、といっても、マイクを持って街頭を走りまわったわけではない。

私はきわめて商人らしく、いくばくかの選挙資金を用立てたのである。

私と松本君は大阪の北野中学から東京大学法学部まで、机を並べて来た仲である。もっとも、学生時代から松本君は共産党へ入党し、一方の私は保守陣営から金を引き出して東大自治擁護連盟を作って対立していた。

当時、私はGIスタイルで登校し、松本君たちから、

「G・H・Qのまわし者!」

と決めつけられ、私は私で松本君たちを、

「売国奴のマルキストども!」

とやり返していた。

その後、私は政治から遠ざかり、松本君は司法試験にパスして弁護士を開業し、彼の言う「人民大衆のために政府官憲と戦い」ながら、一貫して共産党員として活躍を続けていた。

私は貿易商としていささか名を知られてからは、旧友として、松本君に法律の解釈や訴訟問題で時折り相談に乗ってもらうようになり、中学や大学の同窓会で顔を合わせては、談笑するような間柄だった。

その彼からの申し入れで私は、選挙資金の一部を用立てただけであり、だからといって、私が松本君に説得されて共産党バンザイ、と軍門に下ったわけではない。それもこれも、

あくまで、ソロバンずくでのことである。

そのことは唯一の反共側の人間として招待された松本君の当選祝賀会の席上で、私は、ハッキリ述べた。

その時の模様を述べてみよう。

79 金儲けにイデオロギーは要らない

松本君は彼の当選祝賀会の席上、私のことを参会者にこう紹介した。

「ここにご出席をいただいた皆さんは、ただ一人を除いては、皆、私と考えを同じくする側の人たちであります。そのただ一人の反共側の立場の支援者が、この藤田田氏でありますーー」

私は紹介され、マイクの前に立った。簡単に当選のお祝いの言葉を述べたあとで、私は、反共側でありながら、なぜ、松本君を応援したかをしゃべった。

「現在、世界はアメリカを中心とする自由陣営とソビエト（現・ロシア）を中心とする共産主義陣営に二分されています。ご承知のように、日本はアメリカにベッタリくっついている状態であります。私はこの状態はまだまだ続くと思いますし、続いてもらいたいと思っています。というのは、日本にとっても、私自身にとりましても、あと一〇〇年ぐらいは日本がアメリカにくっついていた方がトクだからであります。そのためにも日本の共産党はもっと議席をふやしてもらいたい、と念願致しております。

なぜかと申しますと、日本国内に共産陣営側の政党があり、それがある程度強くて、日本の政治をアメリカの言いなりにならないようにする方向に作用しておればおるほど、アメリカは日本に甘い顔をし、手をさしのべざるを得ないのであります。

日本へ無愛想な顔をして、日本がソ連の方へ傾いたらそれこそ大変だからであります。そのアメリカの甘い顔がもたらす甘い汁を、たんまりといただくのが私の商売であります。日本が駄々《だだ》をこねればこねるほど、アメリカは日本を大切にしてくれます。

つまり、日本という体の中に、共産党というバイ菌がいて、それが暴れれば暴れるほど、アメリカという医者は日本へ良薬を与えてくれるのであります。

その駄々をこねる役割り、バイ菌の役割り、私は、日本の共産党にそれを期待しているのであります。

私が選挙資金を一部融通したのは、ソロバンずくでの私の商売にほかならないのであります。

松本君は当選し、みごとにバイ菌のひとつとして培養されました。私の投資は成功したのであります」

あたりまえの原則

冗談と取ったか、本音と聞いたか、それは私には分からないが、私のあいさつに万雷の拍手があったことだけは事実である。

商人は利益をあげればいい。イデオロギーなど無用の長物にすぎない。

80 低能政治家は国賊だ

日本の政治家は、日本が後進国であるという見本みたいなものである。どうせ悪いことをやるなら、国のためになるような悪いことをしてもらいたい。

ドイツのヒットラーは、ユダヤ人を殺しまくった狂人だが、彼は国民にアウトバーンという自動車道路と、ポルシェ博士に作らせたフォルクスワーゲンという名車を残した。アウトバーンは国民の勤労奉仕で、タダで作ったのである。道路をタダで作る――こんなに凄い政治があるだろうか。

それにくらべると、戦後は輸出振興を叫び、輸入業者を国賊《こくぞく》扱いしていた無能政治家が、いつの間にか、今度は輸出業者をドルが貯まりすぎるといって、国賊扱いするようになってきている。商人は絶対に国賊にはなれない。国賊はむしろ低能政治家だ。全部は政治家の責任である。

81 話があるなら、そっちが来い

いつのことだったか日時は忘れたが、所用で出張した帰りに、列車の中で国会議員バッジをつけた先生と隣り合わせたことがある。

なんということなしに口をきくようになり、いろいろな話題が出た。

話がタクシー料金の問題に及んだ時、私は料金以前に解決しておかなければならないことがある、と言った。

「諸外国では、メーター料金の五五パーセントは運転手の取り分だと決まっている。それなのに、日本ではなぜメーターの五五パーセントをもらえないのか」

私はそう言って、そのことが日本国の後進性と関連性があり、そういったことを問題にしない日本の政治家も、諸外国にくらべると遅れていると指摘した。

「いやあ、面白いことをいう人だな。ぜひ、私のところへ遊びに来て下さい。ご高説を拝聴しようじゃないか」

政治家は笑った。

「冗談じゃない。遊びに行く暇なんかありませんよ。聞きたいことがあったら、そっちで来なさい」

私は名刺を出した。政治家はムッとした表情で私の名刺を受け取った。

あとになって、私はその政治家が時の労働大臣（現・厚労相）氏であると知って、いささか恐縮したが、それにしても、人に物をたずねるのに、相手を呼びつけるような政治家がいる間は、日本の政治は進歩しないだろう。

人に教えを乞うのに相手を呼びつけるような神経だから、日本の政治家は国際社会へ出すと恥ばかりかかなければならないのだ。

82
最初の日本人がダメなんだ

数年前までは海外旅行から帰って来て、飛行機が羽田へ到着すると、いかにもイバリくさった小男が乗り込んで来て、人の顔をジロジロ眺めていた。いわゆる検疫官の機中検疫だが、これは実に印象が悪い。外国ではまずあんなことはやらない。

暗い機内に乗り込んで来なくても、タラップの下で待ち構えていて、降りてくる人の顔を見ておれば職務は遂行できるはずだ。その方がよほど礼を失しないやり方である。

検疫官という役人が、日本へ帰って来た時に最初に出会う日本人だが、日本が初めての外国人にとっては、それこそ検疫官が生まれて初めて見る日本人だろう。その最初の日本人の印象が悪いということは、日本にとって致命的とでもいうべきマイナスである。

私は以前からこの機中検疫を苦々しく思い、折りあるごとに関係者に苦言を呈していた。黄色い肌の小男が、到着した飛行機に乗り込んで来なくなるだけでも、日本の印象はどれほどよくなるか分からない。

幸いにも、今日、この点は改善され、私の商売もグンとやりやすくなった。商売をする上では、まず第一印象は大切にしなければならない。

83 定石を知れ

ユダヤ商法には、ユダヤ商法独特の定石がある。契約は必ず守れ、ということもその一つであるし、女と口を狙えというのも、その一つである。ユダヤ商法を自分のものにするためには、この本の中にあげた定石を十分に自分の中で消化することが先決である。

ユダヤ商法の定石は、全世界に通用する唯一の『商法』である。定石を知らずに、貿易の世界に飛び込むことは、水泳を知らずに水に飛び込むようなものだ。

定石を知り尽したら、それからユダヤ人を相手に互角に渡り合えるわけだ。競争のないところに繁栄はない。ユダヤ人と大いに競争して行かなければならない。

コラム❸――ユダヤ商人の隠語

ユダヤ人が喜ぶのは『ガンサマーハー』

ユダヤ人にはユダヤ人だけに通じることばがある。

ユダヤ人のことを英語で『ジュウ』というところから、ユダヤ人と取引をする日本の商社マンは、ユダヤ商人のことをイチキューなどという。一と九をたせばジューになるところから出て来た隠語である。ユダヤ人に日本語は分かるまいと思って、ユダヤ人の面前で平気で「一九」などという。

しかし、なにしろ相手は語学の天才である。少なくとも三カ国語は分かるというのがユダヤ人の自慢のひとつだから、「一九」が何であるかは先刻ご承知なのである。一九といえば、ははァ、ユダヤ人を差別して来たな、とただちに腹の中を読まれてしまう。

ユダヤ商人が日本の陰語に通じているのであれば、日本人もユダヤ商人の陰語が分からなければ、勝負にならない。

『カイクー』……タチの悪いユダヤ人のことである。

『シニー』……カイクーよりも数段タチの悪いユダヤ人のことである。金のためなら手段を選ばない。非常識な手段に訴えてでも、という手合いのこと。「お前、それじゃシニーじゃないか」というと向こうは目を白黒させる。

『ガンサマーハー』……シニーやカイクーとは正反対の意味。きわめて良心的な商人——とでも訳したらいいだろうか。「あなたはガンサマーハーだね」——そういうと、ユダヤ人はとても喜ぶ。

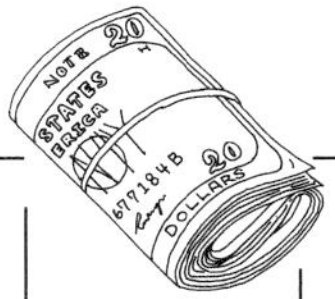

コラム❹——在日ユダヤ人の富豪

はかりしれないスケール

昭和四五（一九七〇）年度の高額所得者番付けで、神戸在住のユダヤ人、デビッド・ガブリエル・サッスーン氏が、全国第一一位の長者にランクされた。サッスーン氏の所得は年間七億四九七六万円。

駐車場の経営と貿易であげたものである。

駐車場は地上権のうるさい日本ではもってこいの商法で、一等地をサラ地で保つ最上の方法である。しかも日銭が入る。

いかにもユダヤ人が目をつけそうな商売だ。

しかし、このサッスーン氏、サッスーン一族の首長、ラーモ・サッスーンとは従兄の関係だが、在日ユダヤ人の中では小粒の方だといわれている。

在日ナンバー・ワンは東京・千代田区二番町に三〇〇〇平方メートルの豪邸を持つサウル・アイゼンベルグ氏であるという説もあるが、資産は一億ドルとも十数億ドルとも噂され、真偽のほどは分からない。

このほかにも、ジューク・ボックスのコーエン氏など、サッスーン氏以上の富豪は一〇人近くいるといわれている。

Part V

「円」を吸うユダヤ商法

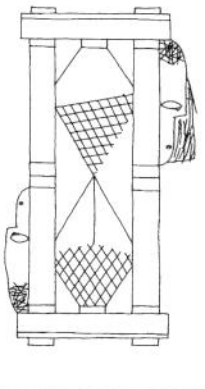

84

商人はまず売れ

簡単でボロい儲けを狙うユダヤ商法では、とっておきの商品は『通貨《カネ》』である。カネを売買することは、品物を発注したり、納期や品質に頭をわずらわす手間がかからない。最も簡単な商売である。しかも、額に汗する必要も、これまたまったくないのである。『カネ』が商品として、ボロい儲けをもたらしてくれる時期は、通貨の価格が変動する時である。オールシーズンいつでもOKという商品ではなく、時期がある。

「ミスター・フジタ。円切り上げはいつごろかね」

国際電話で商談をした際に、あるいは来日したユダヤ人が私の事務所に立ち寄った時、彼らがさりげなく、しかも執拗に、そんなことを尋ねるようになったのは、昭和四六（一九七二）年に入って間もなくだった。

八月一六日のニクソン米大統領のドル防衛声明の半年以上も前から、ユダヤ商人は、今世紀最大の儲けを狙って、ピタリと『円』に照準を合わせていたのである。

何かを狙った場合、まず「買う」のはシロウトである。クロウトはまず売る。売ってから儲けるのである。商売は『売り』と『買い』があって、初めて成立する。そして『買い』よりも『売り』の方が、はるかに利幅は大きいのである。

『円』に照準をつけたユダヤ商人は、早くもその頃から円切り上げを読み取って、ひそかにドルを日本へ売り始めた。日本の厳重な為替管理体制の網の目を巧妙にくぐりぬけて、ユダヤ商人のドルは、静かに、しかも確実に、日本へ上陸を始めていた。

異変は昭和四六年二月に始まった……

その証拠を数字でお目にかけよう。

次ページの図表は私が大蔵省（現・財務省）で調べた、昭和四五（一九七〇）年八月から昭和四六（一九七一）年八月までの、外貨準備高の一覧表である。

昭和四五年八月には、外貨準備高はわずかに三五億ドル（邦貨換算一兆二六〇〇億円）にすぎなかった。勤勉な日本人が、戦後二五年かかって、営々と築きあげた血と汗の結晶が、わずか三五億ドルである。

ところが、四五年一〇月から、国際収支は黒字を続け、保有外貨は少しずつではあるが、増加の一途をたどり始めた。月に二億ドル程度の黒字は、貿易の好調などの結果であると、

年　月	外貨準備高（単位億ドル）	前月比増減
昭和45年8月	35	—
9月	35	—
10月	37	2
11月	39	2
12月	43	4
昭和46年1月	45	2
2月	48	3
3月	54	6
4月	57	3
5月	69	12
6月	75	6
7月	79	4
8月	125	46

（大蔵省短期資金調べ）

素直に受け取ってもいいから、少なくとも、一〇月、一一月はユダヤ人のドル売りはなかったと見てもいい。一二月は四億ドルの増となっているが、これは年末という特殊性を考えて除外すると、昭和四六年一月までは、まだまだあわてる状態ではなかった。

異変は二月以降に起こっている。二月以降の数字を見ると分かるが、二月に三億ドル、三月には六億ドル、と異常にドルがふえ始め、五月にはなんと一二億ドルもふえて、四五年八月の保有高三五億ドルの約二倍に相当する六九億ドルを記録している。

常識で考えてみるといい。戦後二五年かかって、ようやく貯めた外貨と同じ量の外貨が、わずかに九カ月で貯まるとは、異常以外の何物でもない。いかに輸出が振興し、トランジスターが海外で爆発的に売れ、いかに国産のカラーテレビや自動車が売れたとしてもわずか九カ月で、過去二五年間の利益に匹敵するものが上がるはずはない。

そこに気がつけば「これこそ、日本人が勤勉であることの証拠。日本人は働きすぎだから、外貨が貯まるのは当然」などという甘い言葉は出てこないはずである。当時のジャーナリズムの論調も、政府や官庁の見解も「日本人の勤勉さ」を自画自賛していたから、この異常さを「異常だ」と気がついていた者は、ジャーナリストにもお役人にも一人もいなかったことになる。

これは『お人好し』なんぞというものではなく、いかに日本人が国際感覚に欠けているかという証拠にほかならない。

私は情けないというより、むしろ、そんな島国人種ニッポンを見ていると、悲しくなる。一日も早くニッポン人にハンバーガーを食べさせて、世界に通用する金髪にしなくちゃ、とますます使命感に駆られてくる。他国の商人を喜ばせるために『円』を育てるのではつまらない。

85

厚利も商法なら損をしないのも商法

昭和四六（一九七一）年五月の外貨準備高が六九億ドルになった時、私は、近い将来、外貨準備高は百億ドルの大台に乗り、そうなったならば、好むと好まざるとにかかわらず、円切り上げはせざるを得なくなるだろうという見通しを立てた。

私は、直ちに社内の配置転換を行い、輸出課はマネージャーとアシスタント・マネージャー、それにタイピストの三人だけを残し、ほかの社員は全員輸入課へまわした。私が輸出課を全廃せずに三人だけ残したのは、私なりの考えがあってのことであり、そのことについては後にのべる。

それはともかく、世の中は好景気に浮かれ、輸出は望めばいくらでも取引が成立する、そういう時期だった。それだけに、私の強引な配置転換は、社員から大変な非難を受けた。私は輸出課を三人だけにすると、以後の輸出業務は、ほんのわずかな品目だけとし、それ以外のものは全部ストップせよ、と指示していた。

「社長、円切り上げが決まったわけではないのに、あるかないか分からんことを盲信して……」

「社長、儲かる仕事をみすみす見送れ、とおっしゃるんですか」

社員の優秀な連中は、泣いて私に抗議した。

「儲け話を見逃してもいい。私は損をしたくないのだ。今、輸出の注文を取ると、必ず大損する」

私はそう言って、社員の抗議をつっぱねた。

同業者から、冷やかし半分の電話をもらったのもそのころだ。

「あんたが輸出をストップしたお蔭で、ウチに五〇〇万ドルの注文が来よったで。おおきに儲けさせてもらいますよって、気い悪うせんといてや」

「今に、われわれではどうコントロールしようもない力がかかってきて、損をするよ」

私はそう忠告した。しかし、その都度、

「また、そんなユメみたいなことをいう」

と、笑われるのがオチだった。

取引銀行からも問い合わせがあった。

「なぜ、輸出をやめたのです」

「なぜっていったって、これから世の中は変わるからです」

銀行もキツネにつままれた顔をしていた。しかし、私は数字だけを信じていた。数字は決してウソをつかない。

六月に入ると、さらに六億ドルふえて、外貨準備高は七五億ドルに達した。いよいよ嵐は近づいた。私は自分の見通しが誤っていなかったことを確信した。

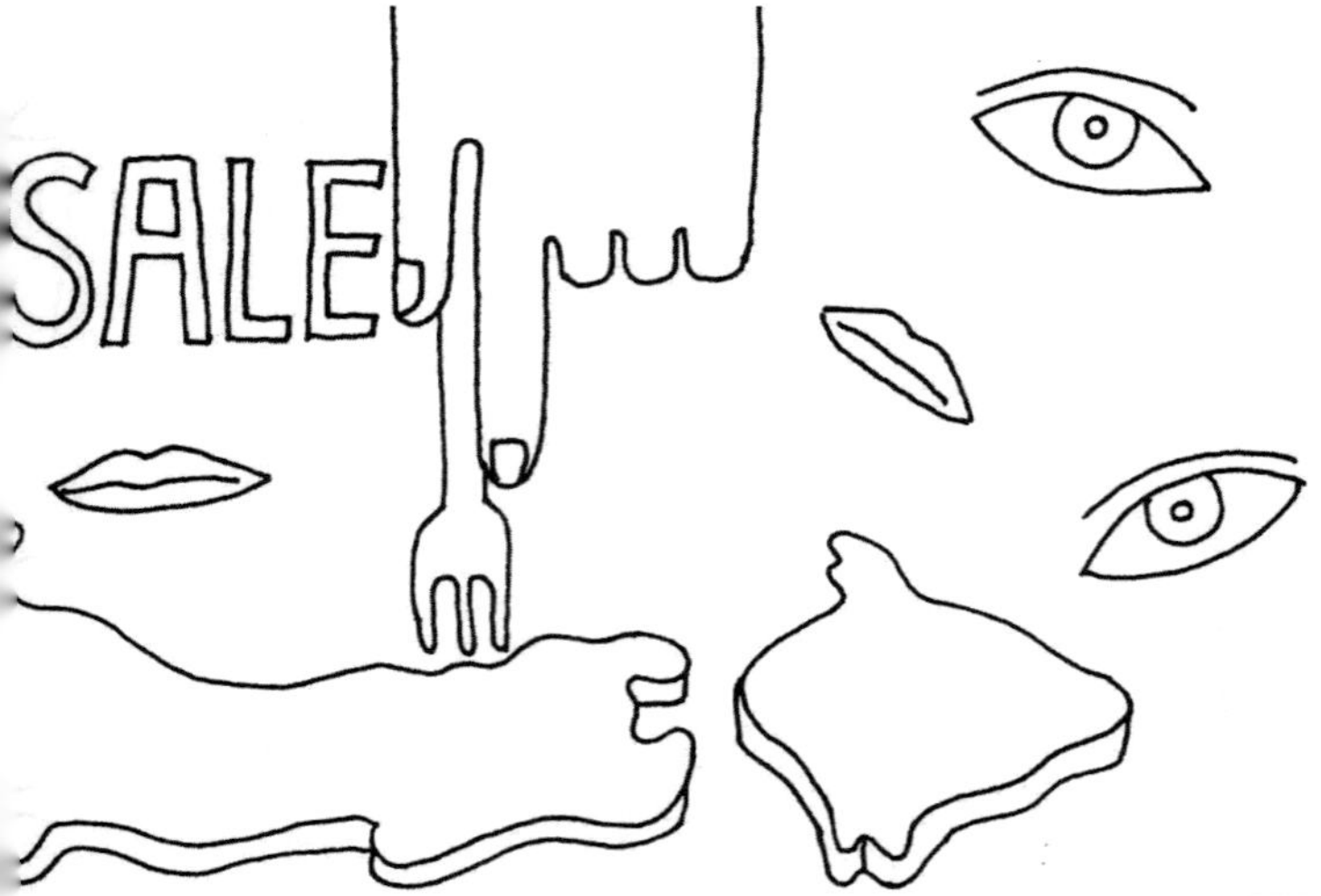

日本は食い荒らされている

それと同時に、ユダヤ人から「日本へドルを売っている」という話もチラホラ入って来た。異常な外貨準備高の増加は、やはり、ユダヤ人のドル売りのせいだった。

七月に入ると、外貨準備高は七九億ドルを記録した。わずか二カ月で一〇億ドルもふえたのである。

ユダヤ人たちは、国際電話で日本の為替市場が開いているかどうかを問い合わせてくるようになった。

「まだ開いていますよ」

「本当か？　ウソじゃないだろうな。本当に開いているのか。へえ」

為替市場が開いていることを確認すると、ユダヤ人は申し合わせたように、呆れたと

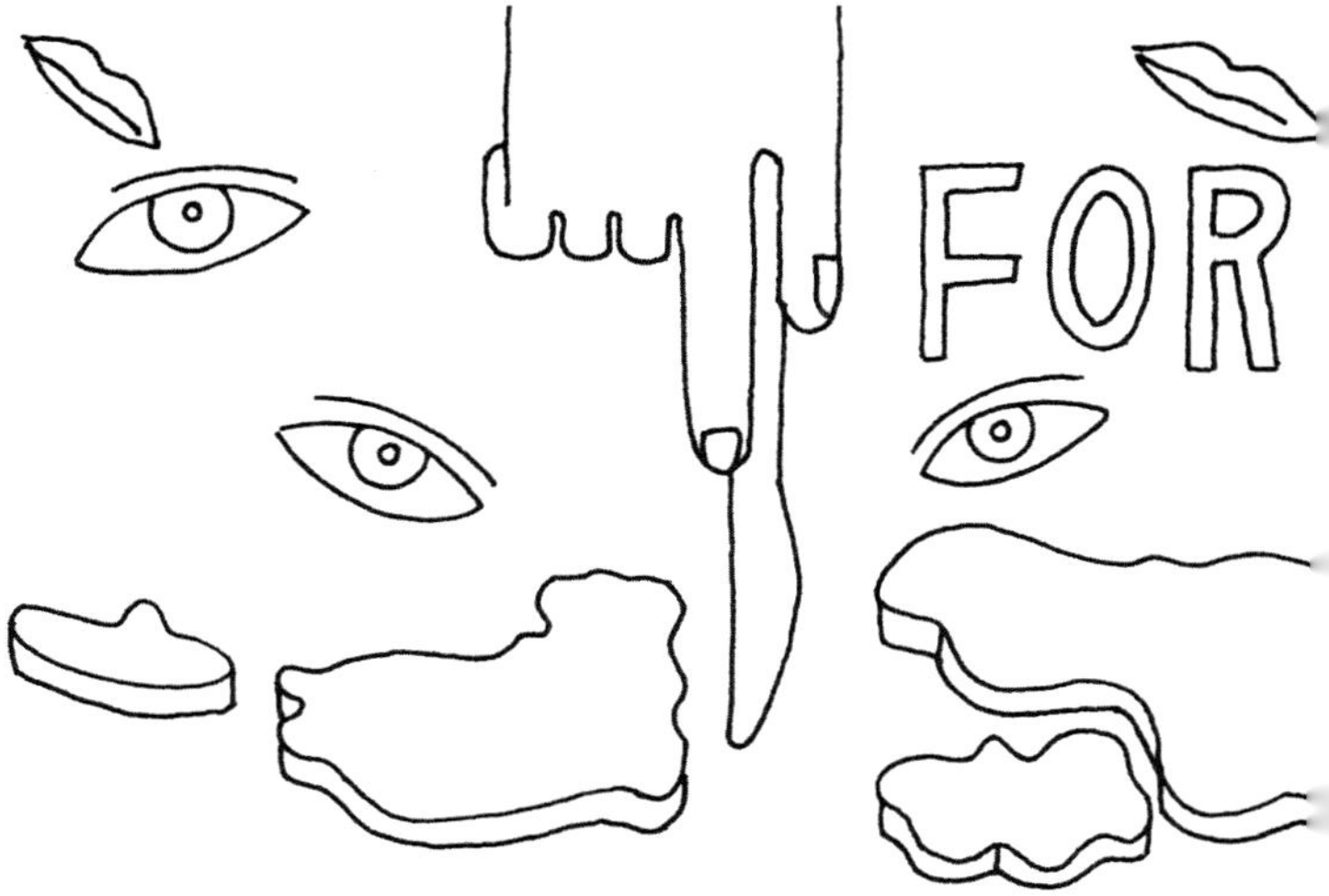

も感心したともつかぬ声を出した。

シカゴで豚を七百万頭飼っているユダヤ人に至っては、もっと露骨だった。

「こりゃあ、チャンスだ。豚を七〇〇万頭売るよりも、何千万ドルかドルを売って稼いだ方がうんと儲けになる。円切り上げの的確な日を教えてくれるなら、儲けの半分はやろう」

「ノー・サンキュー」

私はじっと唇を噛んで屈辱に耐えた。日本は寄ってたかってユダヤ商人に食い荒らされている。政府は何をしてるんだ。何をボヤボヤしてるんだ——。

私は、ユダヤ人の友人たちからも、外国銀行筋からも、ドルを売るようにすすめられた。そんなアドバイスを待つまでもなく、ドルを売れば絶対に儲かることは百も承知だ。輸出部を縮小した時点で売りに出ることもできた。私は、ドルを売って儲けることのできる、唯一の日本人だったと自負している。それだけに、私にはドルを売って儲けるということはできなかった。私がドルを売れば私は儲かるが日本国民は損をする。私は日本から儲けようとは思わない。ユダヤ人から儲けるのが私の主義である。

私は、儲け話にも耳をふさいだ。そして、じっと、損をしないことに徹したのだ。私は『銀座のユダヤ人』であるが、二〇〇〇年間、帰るべき祖国を持っていた男である。祖国から奪うことは、私はできなかった。

86 無能は犯罪である

ニクソン・ショック前後のユダヤ人のドル売りは、狂気に近かった。ドル売りはキャッシュである。八月には前月比四六億増の一二〇億ドルが日本へ貯まったのだ。ついに一カ月で戦後二五年間に貯めた外貨をはるかに上廻る外貨が日本へ流れ込んだ。これだけのキヤッシュを自由に動かせるのは、ユダヤ人を除いては、絶対にいない。

ニクソン声明以後も、ドルを買い支え、為替市場を閉鎖しようともせず、固定相場にかじりついている日本を見て、友人のユダヤ人のサミエル・ゴールドシュタット氏は、

「日本の政府は居眠りしてるんじゃないか。日本はつぶれるぞ」

と、呆れ果てたようにつぶやき、それでもせっせとドルを売り続けていたのだ。

「相手は会社じゃない。日本国政府だ。取りっぱぐれは絶対にない相手だ。売り一貫だ、安心売りだ」

そう言ったユダヤ人もいる。

「銀行からドルを借りて売ってるんだ。銀行に年間一割の利息を払っても儲かるね」

ユダヤ人は眼に涙を浮かべんばかりに、寛大で大バカな日本政府に感謝しながら、ドルを売りまくったのだ。

この間、政府の国会での答弁がふるっている。

「外国人には投機売りで決して儲けさせてはいない。儲けた人にはちゃんと税金をかけます」

私は聞きたい。

「ユダヤ人という外国人が儲けたのでないなら、どうしてこんなにドルのキャッシュが

貯まったんだ。わずか一年間で、戦後二五年間に貯めた外貨の四倍近いドルが、なぜ貯まったのか。それから、外国に住んでいるユダヤ人に、どうやって税金をかけ、どうやって税金を徴収するのか」

と——。

もう、アホらしゅうて、税金なんか払えるか、という気持ちだ。

「国民一人五〇〇〇円の損」を生んだカラクリ

日本が、今世紀最大の困難にさしかかっていた時、エラい人は一体何をしていたか。あえていう。エラい人は、軽井沢でゴルフをやって、ホール・イン・ワンを出して、我が生涯最良の日、と喜んどったんだ。

私は政治のことは分からないが、もしも、企業で、社長がゴルフをやっている間に会社が何千万円、何千億円と損をしたらどうなるか。首くって社員にわびても済まないはずだ。恐らく、今度の日本の損失も、太平洋戦争のあとのように「国民全体が悪かったのだから、一億総ザンゲをしよう」という論法と同じ調子で「これは皆の責任だから」といって税金にしわ寄せしてくることは火を見るよりも明らかだ。

国民に損ばかりさせる、そんな政治家なんか要らない。政治家なんかいなくたってなんとかなる。税金でタダメシ食わせることはない。いったい今回の損をどうやって弁償してくれるのだ。

ユダヤ人は一ドル三六〇円でドルを売り、円切り上げで一ドル三〇八円になった現在、ドルを買い戻せば一ドルにつき五二円の儲けになる。逆に日本は一ドルにつき五二円の損をする。

一ドル三〇八円になった現在、日本が損をした金額は、概算で約四五〇〇億円にのぼる。国民一人につき五〇〇〇円近い損をかぶらなければならないのである。

専売公社（現・JT）が一年間セッセとタバコを売って国民から吸い上げた専売益金相当額が、アッという間にケムリのように消えてしまったのである。

こうした事態を、ただ手をこまねいて見ていたのが無能な〝政治家〟と称《しょう》する輩《やから》だ。私に言わせるならば〝無能〟は立派な〝犯罪〟である。

87

労せず儲かる〝キャンセル商法〟

政府がニクソン声明以後も、為替市場を開き、懸命にドルの買い支えを行った裏には、日本は厳重な為替管理制度をとっているから、投機的なドルの売り物など入ってくる余地はない、とたかをくくっていたふしがうかがわれる。

確かに、日本は為替管理制度を採り、外国人の投機売りのドルが国内に入ってくる余地はなさそうである。しかし、為替管理制度のもとではありうべからざる投機売りは、現実に行われ、そのために大量のキャッシュが流れ込んでいるのである。

ユダヤ商人が、厳重な為替管理の法の目をくぐって日本へドルを持ち込む際に、彼らは、日本の法律を逆用するという手を使った。

ユダヤ商人が目をつけたのは日本の採っていた『外貨前受証の制度』だった。

この『外貨前受』は戦後、ドルが欲しくて仕方がなかった日本政府が考え出したもので、輸出の契約を交した場合は内金を先にもらうようにと奨励していたものである。ただ、この外貨前受には落とし穴があって、キャンセルが認められているのである。

この外貨前受とキャンセルを利用すれば、閉鎖されているのも同然である日本で、堂々とドル売りができるのである。

前にも書いたように、商売には「売り」があって、次に「買い」が行われて初めて商行為が終了し利益がはじき出される。ドルを売りまくっただけでは、ユダヤ人は正確に言うならば、利益はあげていない。このドルを買い戻した時に円切り上げで生じた差額が、初めて利益になるわけである。ドルの買い戻しとは〝キャンセル〟である。

つまり、ユダヤ商人は、日本の輸出業者と契約することで、外貨前受をフルに利用してドルを日本へ売ったのである。買い戻しは、日本の輸出業者との契約をキャンセルすればいい。契約した時点で、前受けで一ドル三六〇円でドルを渡し、キャンセルで三〇八円で一ドルを買い戻せば、差額の五二円は丸儲けである。

外国為替市場「超閑散」の正体

日本政府がこのカラクリに気がついたのがニクソン声明から十日以上も経った八月二七日で、同三一日に至って、ようやく『外貨前受』をストップするようにした。それも、全面ストップではなく、一日一万ドルまではＯＫ、一万ドルを超過する場合は日銀のチェックが必要だ、というものである。

とたんに外国為替市場は「超閑散」になった、と新聞は報道した。

当たり前である。この時は、世界中のユダヤ人がドルを売りつくしたあとである。日銀がチェックする、といい出した時にはユダヤ商人は誰一人『円』を相手にしなくなっていたのだ。『超閑散』ということは、売りつくしたドルをいくらで買い戻すかを、彼らが静かに計算していた、ということにほかならない。

大量のドル売りで日本の外貨準備高は一五〇億ドルにも達したが、日本の『円』でまだ儲かるとにらんだ彼らは、あつかましくも、さらにドル売りを続行してきたのである。

「外貨準備高が二〇〇億ドルを突破すれば、円の再切り上げは必至である。そうすれば、現在の一ドル＝三〇八円の固定相場は崩れ、一ドル＝二七〇円になる。そこでドルを買い戻せば一ドルにつきさらに四〇円の儲けの上乗せができる」

ユダヤ人はそうふんでいるのだ。

そして彼らの儲ける分だけ、日本の国民が泣き、日本が損をし、日本の国民が過重な税負担にあえがなければならないのである。

損失カバーの方策はある

この損失をカバーする手はある。

その第一の方法は、キャンセルの場合は、一ドル＝三六〇円の売り値で買い戻させることである。

第二の方法は、従来は前受け後一年以内に輸出をしないものは取引が無効とされていたがこの場合も一ドル＝三六〇円の売り値で買い戻させることである。

しかし、どちらも日本政府には実施する考えはないので、国民が八億ドルあまりの損失をモロにかぶるようになることだけは確実である。

いずれにしても、一五〇億ドルという異常にふくれあがった外貨は減らしていかなければならない。現在、日銀が発行している日銀券の発行高は五兆六八六二億（昭和四七年三月三一日現在）。一五〇億ドルは約四兆五〇〇〇億円。つまり、日銀券の発行高に近い外貨が日本へ流れ込んでいるわけだ。万一、ドル流入のあおりで、大量の日銀券＝円が国際市場に出まわったら、日本経済は危険な状態に陥ってしまう。不本意だが、ドルを減らしていかなければならない理由もここにある。

ドルを減らしていけば、どうなるか。輸出業者を国賊扱いしていた政府は、またもや態度を一変して、再び「輸出振興」を叫びはじめるに違いない。私が、私の会社の輸出部に三人だけ残しておいたのも、その時に備えたからである。輸出を再開するためには、火を消すわけにはいかない。

そのために、私は年額一〇〇万ドル程度の輸出は続けている。一六・八八パーセントの大幅な円切り上げで年間一七万ドルの損失である。しかし、私が主力をおいた輸入部門は、その分だけ丸々儲かる。差し引きして、儲けの方が大きい。

被害をモロに被った人たち

可哀想なのは、輸出屋さんたちである。私が輸出をやめたので大量注文がまわってきたといって喜んでいた輸出屋さんはいまや青息吐息である。

アメリカのバイヤーからは、当初は一〇パーセントの課徴金を半分出せ、と強引にせまられた。その上に、円切り上げになれば、その分だけは損失を覚悟しなければならない。キャンセルでも食おうものなら、発注先の国内の業者からは品物を引き取るか代金を支払えと訴訟に持ち込まれる。国際電話でアメリカのバイヤーと交渉すれば、電話代がかさんでしまう。電報代だって高い。

「輸入なんか危険なバクチ。安全で確実に儲かるのは輸出だけ」

そう、うそぶいて我が世の春を謳歌していた輸出屋の大将連中には気の毒だが、可哀想に、というほかはない。

優秀なブレーンを集めた大蔵省（現・財務省）が、私の図表に現れたような単純な数字の裏が見抜けなかったとは、まるでウソのような話であり、役人の資格すらないといわなければならないが、異常なドルの流入を『異常』とは思わず、外貨が貯まったと喜んでいたのも、私はすべて島国民族ニッポン人の舶来コンプレックスの現れであると思う。

88 赤信号は止まれ

アメリカのなりふりかまわぬドル防衛策に、日本が外国為替市場を閉鎖しようとせず、ドルの買い支えにやっきになったバカさ加減に、ユダヤ人はそれこそビックリしていたものだ。

「われわれは赤信号が出たらとまりますよ。日本人はそんな簡単な常識すらないのですか」

正直にユダヤ人たちは驚いたのである。

『赤信号』――それは昭和四六（一九七一）年五月の外貨準備高の一二億ドル増に、はっきりと現れている。日本政府はユダヤ人が指摘するように、赤信号でとまる常識すらなかったのである。

ユダヤ人は、昭和四六（一九七二）年五月の赤信号で日本政府が当然手を打ってくると思っていた。ところが、日本政府はまったく手を打とうとしなかった。

「外国為替市場をいつしめるか」

ユダヤ人はそう電話で問い合わせをしながら、スイスの銀行からドルをキャッシュで送らせ、売って売って売りまくったのである。

五月以降、とくにニクソン声明以後も、日本が市場を開きっぱなしにしたことは、ユダヤ人にとっては、思いもかけないオマケであり、日本政府の椀飯振舞《おうばんぶるまい》に狂喜したことはいうまでもない。

ユダヤ人が泣いて喜ぶ日本政府の無為無策

ユダヤ人の友人、ハイマン・マッソーバー氏は、九月二日に病死した。しかし、私には笑いがとまらないほど儲かったマッソーバー氏が、札束の山に首までうずもれて、喜びのあまり狂死したような気がしてならない。それほど、ユダヤ人は日本政府の無為無策を大歓迎し、日本の政治家をあざけりながら、儲け続けていたのである。

89
柳の下は二度狙う

円切り上げで甘い汁を吸ったユダヤ人は、二年以内に、再び円を狙ってくるはずである。もう一度、円切り上げを迫ってくるに違いない。うかうかしていると、日本はその時に、今回の誤ちを再びおかして、二度目の円切り上げを行い、ユダヤ人を儲けさせてしまうだろう。

人間は、どういうわけか、同じ誤ちを二度繰り返すものである。とくに、国際感覚の欠除している日本人は、よほどしっかりしないと今回とまったく同じ誤ちを繰り返してしまうと思う。

戦後、日本が一ドル＝三六〇円であったのに対し、長い間、韓国は一ドル＝二七〇ウォンであった。本来、これは逆であるべきだったのが、アメリカの政策でそう決められたのである。

その後、韓国はウォン切り下げを行って、現在は一ドル＝三〇ウォンとなっている。私は、円は再切り上げで以前の韓国のウォンとほぼ同じである一ドル＝二七〇円ぐらいになるのではないかと思っている。

とすると、今回の円切り上げで、一六・八八パーセントの切り上げが行われ、一ドル＝三〇八円になった。上下変動幅は各二・二五パーセント、円の上限は三〇一円七銭、下限は三一四円九三銭と決められたが、まだまだ三〇円近いゆとりがある。それだけに近い将来、一ドル＝二七〇円の再度の円切り上げを狙って、日本は再び激しいドル売りに見舞われることが、十分に考えられる。

もう一度、円切り上げはある。そう考えて油断はしないことだ。

ユダヤ人は、二匹目のドジョウを柳の下に求めてみる、そんな商人なのだ。

コラム⑤

「日本のユダヤ人」小史

開国直前に、来日ユダヤ人第一号の上陸

日本の土を踏んだ最初のユダヤ人、それは一六世紀にさかのぼる。長崎県平戸にドイツ人、ポーランド人の乗った船が入港した記録が残っているが、その中に二人、ユダヤ人が含まれていた。医者と通訳だったらしい。そして彼らの少なくとも一人は、日本女性と結婚している。

その後、徳川幕府の採った鎖国政策のために、他の外国人と同様、ユダヤ人の渡来も、後が続かなかった。

一八六八(明治元)年、明治開国とともに、ユダヤ人もさっそく来日している。彼らはまず、横浜と長崎にやってきた。横浜外国人墓地に、一八六九(明治二)年に一人、七〇(明治三)年に五人、ユダヤ人が埋葬されている。

最初の在日ユダヤ人社会は、長崎にできた。教会、墓地も設立され、総勢一〇〇人内外のユダヤ人街が港・長崎の一隅に誕生したのである。

彼らは、入港する外国船に、ミルク、水、食糧品を供給する仕事に従事した。

一九〇四（明治三七）年、日露戦争が始まると、ロシア船の入港が途絶え、出入りする船舶が激減したために、長崎の港町としての重要性も減り、生活の場を失ったユダヤ人は、神戸、上海に去って行った。日本でのユダヤ人の一つの本拠地が、長崎から神戸に移ったわけである。

一九二〇（大正九）年までには、長崎にはユダヤ人は一人もいなくなった。

滞日ユダヤ人にも第一次世界大戦の影が……

日露戦争の影響で、長崎のユダヤ人が神戸に移り、この時期の日本のユダヤ人は、横浜と神戸に、それぞれ一〇〇人ずつ、別れ住んだ。

秩序だった組織を形づくっていたわけではないが、何かトラブルが起これば、全員が集まって解決にあたるのを常とした。

またまた、ユダヤ人の生活を脅やかしたのが、第一次世界大戦の勃発である。日本は参戦はしたものの、その貿易活動にも、多くの障害が出始め、一九一七（大正六）年には、輸出品の積み出しも止まった。

貿易港地での商業活動で生計を立てているユダヤ人にとっては、致命的な事態である。救いの場をアメリカに求めようと、船を待つために、ユダヤ人は続々横浜に集結してきた。

横浜に集結した避難ユダヤ人

さらに、事態を悪化させたのが、一九一七年、アメリカの移民法改定による移民制限である。頼みのアメリカ行きが足止めを食い、途方に暮れた避難民の多くは、女、子供であった。夫たちは、家族の渡航費稼ぎのために一足先にアメリカに渡っていたからである。

横浜の帝国ホテルが、避難民たちの根城になり、常時一〇〇人が、ここで、船を待った。世界のユダヤ人が援護活動を開始し、ロシア・ジュウ、アメリカ・ジュウと、各地の代表が救援に来日、ユダヤ民族の団結の強さを示した。やがて、アメリカは移民法を再改定して、自由に渡米できるようになり、それ以上の大きな混乱は回避された。

第一次大戦に次ぐ危機は、一九二三（大正一二）年の関東大震災である。横浜在住のユダヤ人の間にも多くの犠牲者が出た。そして、生存者は、壊滅的な震災地を後に、全員、神戸に移った。

ナチスの刃を逃れて第二次世界大戦

第二次世界大戦は、全ユダヤ民族に、誕生以来最大の受難をもたらした。全ユダヤ人に殺害の刃が、ナチスによって向けられ、日本のユダヤ人社会にも、脅威の暗雲がたれこめた。ヨーロッパから敦賀港に逃れてくるユダヤ人も多く、神戸のユダヤ人社会には、多くの避難民があふれた。

第一次大戦時に、日本の全ユダヤ人が横浜に集まったように、第二次大戦の際には、全員が神戸に集結したのである。そして、その多くは、さらにアメリカ、オーストラリア、上海に渡って行った。

ナチスの魔の手から逃れるために、日本のユダヤ人も他の地のユダヤ人と団結し、助け合い、安全地への渡航を手配したのである。

日本が太平洋戦争に突入すると、他の外国人と同じく、神戸に集まっていた全ユダヤ人は、さらに軽井沢に移った。

今日のユダヤ人社会……東京・神戸

戦後、日本のユダヤ人は、軽井沢を引き揚げた後、東京と神戸に二つのユダヤ人社会をつくった。

その後、中国大陸が共産化されて中華人民共和国が生まれると、上海、ハルピンから日本に渡ってくるユダヤ人も多く、在日ユダヤ人社会の規模も、初めての渡来以来最大になった。

今日、神戸には三五世帯、一二五人、うち、子供二七人が居住。一九五八年には、日本政府からユダヤ人関西支部団体の登録認可証を得ている。

東京のユダヤ人社会は、一五〇世帯、八〇〇人から成る。東京・渋谷区広尾三丁目八番八号にある日本ユダヤ教団を中心に、図書館、学校、レストラン等の施設も完備されて、毎週一度の礼拝の他、映画、討論会、聖書、タルムード（ユダヤ教典）研究会、コンサートと、幅広い活動を行い、絶えず、精神的つながりを強固にしている。

ユダヤ人家族は、この教会から、車で一五分以内の地に住むのを原則にしている。渋谷、麻布、六本木、世田谷、青山にユダヤ人の居宅が多いのは一五分の制限距離内の故で、何か事が起きれば、すぐさま教会に駆けつけられるように、との配慮からだといわれている。

従事する職業は、金属、繊維、電子工学類、カメラ等を取り扱う貿易商が多いのは当然として、他にも、医者、大学教授、音楽家、技師など、日本移住の初期、中期に比べて多様性《バラエティ》に富んできている。

Part Ⅵ

ユダヤ商法とハンバーガー

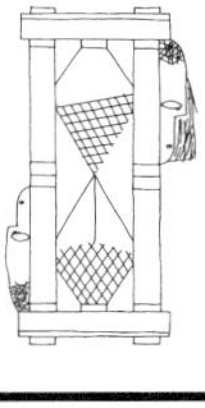

90

天下の公道を活用せよ

昭和四六（一九七一）年七月二〇日、私とアメリカ最大のハンバーガー・チェーンの『マクドナルド』が五〇対五〇で出資し、私が取締役社長に就任した『日本マクドナルド社』が銀座三越の一階に五〇平方メートルのハンバーガーの売店を開いた。

当初、三越側の計算では、ハンバーガーの売上は一日一五万円。うまくいって二〇万円という予想だった。私は一日に四〇〇〇食とふんでいた。一個八〇円だから、四〇〇〇食だと三二万円。端数は取って、一日に三〇万円は売れるだろうというのが私の予想だった。

ところが、いざフタをあけてみて、私は仰天した。一日に三〇万円どころか、一〇〇万円の売上を記録したのである。実際の売れ行きは、私の予想をもはるかにオーバーしてしまったのだ。それも初日だけではない。連日である。

最新キャッシャーもブっこわれる売れかた

その売上の物凄さを具体的に書けばこうだ。

ハンバーガーの客は一日に一万人以上。ハンバーガーと一緒に売れるコーラが一日六〇〇〇本。それまでは、都内でコカコーラが最もよく出るのは豊島園遊園地だったが、それをはるかに抜いてしまったのである。

このために、『コーネリアス４００』という新型機械が煙を出してこわれてしまった。勘定場ではスウェーデン製の『スエーダー』という世界最高のキャッシャーがこわれてしまった。

アメリカから運んで据えつけた製氷機械が氷を作れなくなってつぶれてしまった。

シエークマシンがいかれた……。

あらゆる機械が片っ端から故障してしまったのだ。といって、何も棒切れで叩いたわけではなく、ことさら乱暴に取り扱ったわけでもない。売れすぎて、機械の能力が限界を越したのだ。

年間三億を売り上げる〝職場〟

『スエーダー』というキャッシャーは「絶対に故障しない機械だとして定評がある」と

いうので私は店に据え付けたのだが、開店早々にこのザマである。修理に駆けつけたサービスマンが、売り場を見て、あんぐりと口をあけた。「日本で一番激しい使い方をするのは、スーパーマーケットで、そこで五秒に一回使われてビクともしなかった機械です。ところがここでは、二・五秒に一回、ガチャガチャチャチーンとやっている。これだけ使えばオーバーヒートもしちゃいますよ」

製氷機は、次から次へ殺到する客のために、製氷室をしめるひまがなく、ダメになった。

「おい、おれはこんなあたたかいコカコーラを初めて飲んだぜ」

友人からそう皮肉をいわれたのも、この

時である。

だいたい、五〇平方メートル程度のレストランであれば、一年間の売上は一〇〇〇万円から一五〇〇万円程度である。私はこのままでいけば、年間三億円は軽い勘定だと踏んでいる。これだけでも、いかに売れ行きが物凄いかお分かりいただけるだろう。

歩行者天国＝ハンバーガー・レストラン

これだけ客が来ると、その場で食べていただくわけにはいかない。なにしろ五〇平方メートルの店に、次から次へ買い手が殺到してくるのだ。幸いなことに三越の前は天下の公道である。ハンバーガーを片手に三越からあふれ出た人たちは、この公道でハンバーガーにパクついている。

とくに日曜日は歩行者天国となって、銀座三越前の国道一号線は車が締め出される。そうなると天下の公道は、マクドナルドのハンバーガーのレストランに一変する。日本一地価の高い銀座の広い土地を、一銭の権利金も払わずに自分の店舗として活用し、しかもそのあがりが一日一〇〇万円となると、愉快さを通り越して踊り出したいほどである。

私はこうした店を全国に五百店舗作る予定である。五〇〇店舗できた暁には日本のレストラン、食堂の地図は大きく塗りかえられることになるだろう。考えただけでも楽しくなることである。

91 脳みそには柔軟性を持たせるべし

私はハンバーガーをやる、と言い出した時、さまざまな人から実にさまざまなアドバイスを受けた。

「日本人は米と魚を食べている国民だからねえ、パンと肉のハンバーガーなんか売れやしないよ」

最初からそう言って引きとめる人もいた。
「味を日本人好みにしなくちゃダメだ」
そう言ってくれた人もいた。

〝売れる商品〟の見わけかた

しかし、私はハンバーガーがユダヤ商法における〝第二の商品〟であることを十分に知っていたし、第二の商品は間違いなく売れることも信じていた。

米の消費量が年々減少していることも、数字で現れていた。時代は変わりつつある。米と魚を食べている日本人にも、パンと肉のハンバーガーは必ず売れる。そういう自信もあった。

また、日本人好みの味に変えたらいい、というありがたい忠告にも耳は貸さなかった。なまじ手を加えて、思うように売れ行きが出ない場合は、お前が味をいじったからだ、と非難されるのがオチである。味も変更しない。私はそう決めた。

銀座、新宿、お茶の水……、ヤング中心商法の勝利

私は七月二〇日、銀座三越で店開きをすることが決まると、直ちに都内のターミナルに

ある某デパートの食品部長に会った。その食品部長は私の先輩に当たる人である。

「このターミナルは私が以前から目をつけていた場所です。ここでもハンバーガーを売らせていただけませんか」

私はそう言った。

「バカも休み休み言いたまえ。ハンバーガーなどというパンに毛の生えたようなものを売るために、うちの貴重なフロアを貸すわけにはいかないよ」

先輩はまったく取りあわなかった。

その先輩が蒼くなって私のところへ駆け込んで来たのは、ハンバーガーが銀座で爆発的に売れているのを知ってからである。

「藤田君、なんとかならないか」

「なんともなりまへんな。あなたに断られたので、私はすぐに新宿駅前の二幸《にこう》に話をし、二幸の中にハンバーガーの店を出すことに決めてしまったんです」

事実、二幸では昭和四六（一九七一）年九月一三日にハンバーガーの売り場を作り、ここでも若者中心に好調に売れている。蛇足だが、学生の町お茶の水駅前、大井阪急ホテル、横浜松屋、川崎コミヤ、代々木駅前、東京駅八重洲地下街にも店を出して、いずれも快調に売上を伸ばしている。

〝ハンバーガーは売れる〟という先見の明のなかった先輩の負けである。そしてそうした先見の明は、既成概念にとらわれすぎている人には、絶対に備わっていないといってもいい。日本人は米を食べるもの、という既成概念が、この先輩の見通しをまったく狂わせていたといってもよかろう。

これに対して三越には先見の明があった。海のものとも山のものとも分からないハンバーガーに、伝統あるデパートのヒサシを貸してくれたことは、松田社長並びに岡田専務の歴史に残る大英断といわなければならない。また、三越もハンバーガーを売ることで、世界中の人に親しまれるデパートになったといえよう。

脳みその中は、常に柔らかくしておいて、既成概念など吹っ飛ばしてしまうことが、先見の明につながる近道でもある。

92

信用を得る宣伝は口コミに限る

マクドナルドのハンバーガーは、カラシからケチャップに至るまで、オーダーメイドの品である。牛肉のひき肉は、人間一人につき一日最低四〇グラム必要だとされているが、わがマクドナルドは、さらに五グラム上乗せして、一個の製品で上等のビーフ四五グラム入りのハンバーガーを提供している。つまり一日に必要な量はこれ一つで十分なのだ。

"宣伝担当"は愛国アメリカ人

それを知っているのが日本に滞在中のアメリカ人である。アメリカ人はハンバーガーに郷愁を感じるせいか、よく店にやってくる。客の一割はアメリカ人である。そのアメリカ人は、久し振りに食べるハンバーガーにすっかり陽気になって、傍の日本人を誰彼なしにつかまえては、マクドナルドのハンバーガーの宣伝をしてくれるのだ。

「このハンバーガーは、一〇〇パーセント、ビーフなんだよ。マクドナルドっていえば、だから、安心して食べられる店だ。アメリカで最大のハンバーガーメーカーの製品でもあるし、味だって一番うまいんだ」

私も、店のまわりをウロウロしていた時、アメリカの老人につかまって、長々とマクドナルドのハンバーガーに関する自慢話を聞かされたことがある。

アメリカ人がワッと来て、つられて日本人が食べるようになったのかもしれない。

いずれにしても、そういうわけで、目下、宣伝はお休み状態である。へたに宣伝をすると、またもや入れたばかりの機械からケムリが出て、ポシャッてしまうかもしれない。

それにしても、外国人の自慢のお蔭で、ハンバーガーが売れてくれるとは、有難いことである。宣伝は口コミが、信用を得るためには最も効果的な方法だろう。

93 人間の欲求をつかめ

一日に八〇円のハンバーガーが一万個売れるということは、売れる時間にピークがないということである。普通の食堂は、メシ時というのがあって、大混雑する。ところが、ハンバーガーにはそういったピークはない。一日中、売れているのだ。つまり、ハンバーガーは、お菓子でもないし主食でもない食物であって、同時にお菓子でもあり主食でもある食物なのである。

昨今は家族連れでレストランなどへ行けばとても千円札一枚で済ませる、というわけにはいかない。ところが、マクドナルドのハンバーガーをパクつけば、マクドナルドの店はファミリー・レストランにもなるわけだ。そこにも、ハンバーガーが爆発的に売れている理由がある。

それから、ハンバーガーは本能的に手づかみでものを食べたいと思っている人間の欲求にピタリと当てはまっている食物である。自動車を運転しながらナイフとフォークを使うわけにはいかないが、ハンバーガーならつまんで食べられる。仕事をしながら食べられる。そういった現代性を持っている食べものでもある。

なぜ、こんなに売れるのか

先日、ある雑誌の企画で、評論家の扇谷正造氏と対談したが、扇谷氏は、

「もの珍しいからハンバーガーを食うのだろう」

とおっしゃった。

「あなたは、ハンバーガーを食べてごらんになりましたか」

「まだ食ったことありません」

「食べもしないで、もの珍しいから売れるんだろうなんて言われると困ります。あんなうまいものはありませんよ。単にもの珍しいだけでしたら、売れるのは三日間ぐらいで、四日目から客足がだんだん落ちるはずです」

私はそう反論した。

例えば、正午ごろになると、ＯＬが大量に買い求めていくが、女のコはこまかいから、これで八〇円とは安過ぎる、ということに気がつき、また買いに来る。男はそれにつられてくるだけで、高いか安いか見当もつかないはずだ。

私はハンバーガーが売れたのは、色々な要因がすべてプラスに作用したからだ、と思っている。そして、それと同時に人間の欲求を的確につかみ、ユダヤ商法の定石を守ることがいかに大切であるか、つくづくと感じさせられたのである。

94

いつでも女と口を狙え

ユダヤ商法の第一の商品が〝女〟で第二の商品が〝口〟であることは、繰り返し、繰り返して書いてきた。

ハンバーガーは直接的には〝口〟を狙った商品ではあるが、その口も、さらに言うならば〝女の口〟を狙った商品である。といえば、お分かりになると思うが、私は、意図的にハンバーガーで〝女〟と〝口〟を狙ったのである。ユダヤ商法の四〇〇〇年の『公理』が

「女と口を狙え」と教えているからには、定石を守った私の商法は絶対に当たらなければならないはずだった。

結果は、前節に述べたように、大変な売れ行きを示したのである。マクドナルド商法では、いったん作ったハンバーガーは、七分経ったら廃棄しなければならないことになっているが、作るはしから売れている状況では、廃棄しなければならないハンバーガーなど、あるはずはない。

定石を守ったら、この通りの繁盛ぶりなのである。ユダヤ四〇〇〇年の『公理』は商人たるもの、絶対に守るべきだ、私は改めてそう思ったものだ。

ここで、私は誤解がないように書き加えておかなければならないことがある。

私は『早メシ早グソ——』という言葉が大嫌いだと述べた。食事はゆっくりと贅沢《ぜいたく》にすべきだとも言った。その私が、ガサツな食事ともいえるハンバーガーに手を出すとは、おかしいではないか、という反論についてである。

なるほど、戦いすんで日が暮れて、仕事から解放された時は、豊かな食事をゆっくりと食べるべきである。しかし、昼は働く時間である。ガンガン働いて、夕食《ディナー》に豊かな食事をすればいい。昼は戦場同然だから、戦場にふさわしい食事をすべきである。つまり、ビジネス・フードをかきこめばいいのだ。

そのビジネス・フードとして、マクドナルドのハンバーガーなどはまさにうってつけの食物であろう。

だから、私が贅沢な食事をゆっくりとするようにすすめながら、一方ではハンバーガーを売っていることは、なんら矛盾してはいないのである。

95
きらいなものを売れ

自分の好きな道で商売を始めると、なかなかその商売はうまくいかないようだ。

例えば、古道具が好きな男が骨董品屋になったり、刀が好きな男が刀剣屋になったりしても、商売は決してうまくいかない。対象が好きなもの、となると、ついつい溺れてしまうからだ。

本当の商人はきらいなものを売る。自分がきらいなものだと、どうやれば売れるか、を真剣に考える。自分の弱点だから、ある場合には必死になる。

私は戦後っ子ではないから、未だに主食は米である。ハンバーガーのようなパン食は、不得手である。しかし、ひるがえって考えてみると、私がハンバーガーを売ろうと決心したのは、私がハンバーガーが不得手だったからに他ならない。ハンバーガーこそ、私にはピッタリの「商品」であるように思われる。

私は、これまで、女性のアクセサリーやハンドバッグの輸入に主力を置いて来た。デパートは一階にアクセサリーとハンドバッグを置くべきだ、と叫んで、全国に二六〇軒あるデパートの一階に、アクセサリーとハンドバッグ売り場を設置してきた。

私は男であるから、アクセサリーを体につけるわけでもないし、まして、ハンドバッグを手にして街を歩けるはずはない。私は、だからこそ、そうした品物を取り扱って来たのである。私が男である限り、女物は商品として冷静に眺められるからだ。

全国のデパートにハンバーガー売り場を

私は、今度からは宗旨をかえて、デパートは一階にハンドバッグやアクセサリーを置かなくてもよろしい、ハンバーガー売り場を作りなさい、と言うつもりだ。なにしろ一日一万人だ。ハンバーガーのような、磁石みたいに客を引っぱるものは、ほかにない。ハンバーガーにつられて一万人がやってくれば、そのまま店内に入っていく客は、それだけ多くなるわけだ。

私に言わせれば、ハンバーガーは日本へ上陸して、食品界でようやく〝鳥羽伏見の戦い〟が始まったところだ。私はハンバーガーを錦の御旗にして、これから日本のレストランを震撼させていくわけである。

世の中は勝てば官軍だ。商売だって勝てば官軍だ。鳥羽伏見の戦いでは、誰も官軍が勝つなんて思ってはいなかった。ハンバーガーだって、やれ日本人はニギリめしが好きだの、パン食はしないなどといって、ハンバーガーが勝つと見た者は誰一人いない。何をいうとるか、と言いたい。今に見てるがいい、ハンバーガーはあれよあれよという間に勝利をモノにして官軍になってみせる。

開店の日にやってきた大手スーパーのある食品部長は私をつかまえて、開口一番ハンバーガーをけなしにかかった。

「ビーフ一〇〇パーセントなんていいかげんなものじゃありませんか。何も使わずに上等のひき肉がこんなにピタッとくっつくわけはないでしょう」

「確かに日本には肉同士をまざりけなしにくっつける技術はない。しかし、外国にはそんな機械があるから、簡単にくっつく。私はそれを購入して、火を通してパンにはさむだけです」

私は軽くいなした。

厚利多売商法、快進撃中！

ある社長はこう言った。

「どう見ても、これだけのものが八〇円とは信じられん。一〇〇グラム二〇〇円の肉を四五グラム使っただけで九〇円になるじゃないか。ははあ、さてはあんた、最初は損して、そのうちに取り返そうという腹なんだな」

「私も〝銀座のユダヤ人〟です。最初から損するような会社は作りません」

私はそう答えて笑った。マクドナルド商法では、税引き前に二割の利益がなければならないのだ。それだけで儲かる。

また、こんなことを言う人もいた。

「コーヒーの紙コップは一五円はするのに、儲かるはずはないじゃありませんか」

コーヒーも店にはおいてあって、五〇円。クリープから砂糖まで全部揃え五〇円だからかなり安い。勢い、こんなことを聞いてくるのだ。

「国産の紙コップは確かに一五円程度はします。でも、アメリカ製の紙コップは、一個三円八〇銭です。私は、これをマクドナルドから直接輸入していますから、決して損なんかしていませんよ」

私はいつもそう答える。損をしてまで商売はしないのが私のモットーだ。

96 私はあなたに巨億の富を保証する

出資金五〇対五〇、社長以下全社員を日本人とする、という条件で作った『日本マクドナルド』を開店するために、私は提携しているマクドナルドから指導員を二人呼んだ。

昭和四六（一九七一）年七月二〇日、銀座三越に店開きをする日の午前七時半に、私はこの二人の外国人の電話に叩き起こされた。

「今、店の前だが、社員は一人も来ていないではないか」

私は、一瞬、この外国人たちは気違いではないかと思った。

「ミスター・フジタ、少なくとも開店三時間前に来なければだめじゃないか。入ろうにも中に入れないし、鍵をこわすから了承してくれ」

私は、ＯＫ、を出して、それでも九時には銀座三越に出かけていった。驚いたことに、店はチリ一つないほどピシーッと整頓されていた。

彼らは口で言うのではなく、まず、自分たちでやってみせたのである。こういう具合いにやるんだぞ、というように。

私も、この本の中に、約百カ条にのぼるユダヤ商法を列挙しているが、時機に応じて、それを使い分けながら、ユダヤ商法の公理を実行してきた。ハンバーガー商法もそうである。こういう風にしたら、金が儲かりますよという見本として、自分自身をこの章で登場させてみたのである。

日本で育つ〝ユダヤ商人〟

マクドナルドは世界に二〇〇〇軒のチェーン店を持っているが、そのチェーン店は、マクドナルド本社が土地建物を買い取って内部を改造し、機械を据えつけたものを、一万ドルの保証金をおさめた人に、二割の利益を保証して営業させている店舗が大半である。私も、全国に五〇〇軒のチェーン店を作る時にはやはりそのような方法で、ハンバーガーを全国的に広げて行こうと思っている。

ただし、一万ドル――三〇〇万円ちょっとの保証金なんかもらっても仕方がないから、保証金は形式的に一〇万円とし、脱サラリーマンを真剣に考えている人を、当初一〇〇人ほど採用したらどうかと構想を練っている。そして、私はそうやって私が選んだ人々に、ユダヤ商法と巨億の財産を保証して、国際的視野をもった新しい〝ユダヤ商人〟を作り出して行こう――などと考えている。

コラム❻——ユダヤ人の教典

バイブル以上の影響力

世界経済をリードするユダヤ人のこと、おそらく、経済・商業活動で成功するための指南書が、親から子へ、子から孫へと伝えられているのではないか、と思うムキも多いだろうが、その種の書物は、一切ないようである。

ただ、経済活動に限らず、ユダヤ人の生活全般に大きな影響を及ぼしているものに、タルムード——ユダヤ教の教典がある。

紀元後五〇〇年間にわたって作成されたもので、ヘブライ語で書かれ、全二〇巻にわたる膨大なもの。当時のユダヤ民族の最高賢者が一堂に会し、円卓討議した記録の形がとられている。

取り上げられているテーマには、人間が生まれてから死ぬまでに遭遇する、考えられる限りのあらゆる事柄——生、死、戦争、平和、家庭、結婚、離婚、妻、子、祭、休日——が網羅され、その一つひとつに、論理的な討議が展開されている。

生活上のトラブルが起きた時、病気、死に直面した際、タルムードをひもとけば、どのように身を処すべきか、あくまでも具体的に指針を与えてくれるわけである。

ユダヤ人は、このタルムードを毎日〝読む〟。一日二ページ、三ページにわたることもあるが、五行で終わる日もある。

マスターする速度が重要なのではなく、書かれている内容を自分の生き方に照らして、いかに理解するかが、眼目だからだ。

タルムードを毎日〝読む〟。この習慣こそ、ユダヤ民族の統一と団結を保っている秘訣といえるかもしれない。

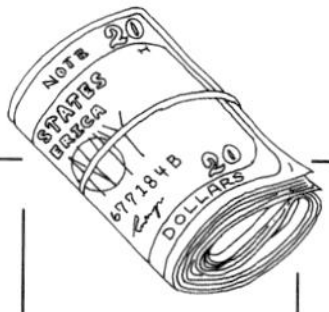

コラム❼——ユダヤ人の食事

ユダヤ教の命ずる食事制限

ユダヤ人は食事の時に、牛肉とミルクは同時にとらない。

牛肉とミルクを同時にとることは、ユダヤ教で禁じられている。

「だって、ミルクと牛肉を同時にとられたら牛は死に絶えてしまいますよ」

ユダヤ人はそういう。つまり、ユダヤ教は牛肉とミルクを同時にとることを禁止することで、相手を根だやしにしないようにと教えているのではないかと思われる。

そこで、牛肉とミルクを同時にとりたいユダヤ人のためには、ミルクそっくりの植物性蛋白質の〝人工ミルク〟が用意されている。

このほかにも、ユダヤ教は食物について、さまざまな制限を設けている。

このために、ユダヤ人は豚は食べない。エビもタコも食べない。

ただし、自分では食べない豚も、商品になるとあれば、飼育して売買する。ユダヤ教は、食べてはならないものは設けても、それを売買する事までは、禁止していないのである。

97

お金の欲しい人が読んで下さい――あとがきにかえて――

あなたは、お金が欲しい、とは思いませんか。

もしも、正直に「お金が欲しい」と答える人は、この本をお読みなさい。そして、ここに書かれている『ユダヤ商法』を実行して下さい。必ずあなたはお金に慕われる人になります。いい男のところには、いい女がナナメになって駆け寄ってくるものです。それと同じように、ユダヤ商法をマスターすれば、お金にとってあなたはこの上なく〝いい男〟になるわけです。

「お金なんか欲しくない」――本気でそう考えている人は、この本よりはむしろ『愛を得るにはどうすればいいか』というようなタイプの本か、『葉隠』か『お経』でも読んだ方がいいでしょう。

これまで、さまざまな『経済学』の本や『商法』の本が出版されて来ましたが、不思議なことに、どの本にも〝こうすれば必ずお金が儲かります〟というお金儲けの法則は書いてありませんでした。それというのも、そういった本の著者が、実際にはお金儲けなんかしたことがない学者だったからなのです。清貧に甘んじているような学者先生の書かれた本を読んでいては、お金が儲かるはずはありません。

私は東大へ入学する以前に父を失っていたので、学生時代は学費も生活費も自分自身で稼ぎ出さなければなりませんでした。そういった生活を通じて、私はユダヤ人について『ユダヤ商法』を学び、卒業後は貿易商として身を立て、ユダヤ商法を実践しながら、実際にお金儲けをして来ました。

お金を儲けたら、その金を社会へ還元する、というのが各企業の大義名分のようです。私も、このたび、ＫＫベストセラーズの岩瀬順三さんにそそのかされて、社会へ利益を還元するという大義名分のために、『ユダヤ商法』を公開することにしました。つまり、この本は、学者の書いた理論的、観念的な経済理論ではなく、実際に金儲けをして来て、『銀座のユダヤ商人』と自他ともに認めている商人が書いた〝こうすれば確実に儲かる〟という本であり、本邦初の画期的な実用経済書であると著者自身、折り紙をつける次第であります。ご熟読の上、日常の〝マージャン必勝法〟の一部に、あるいは脱サラリーマンの計画の中に、そして会社の経営にご活用いただくなら、私にとっては、金儲けにつぐ喜びであります。

ただし、この本を読まれて、金儲けができなかったからといって、本代は絶対にお返しは致しませんから念のため。なぜならば、その方は、ここに書かれた定石を一〇〇パーセント守らなかったはずだからです。一〇〇パーセント守るなら、あなたはきっと金持ちになれるはずです。

なお、『ユダヤ商法』を字義通りにとって、ユダヤ教が固有の「商法」形態を持っているのか、と誤解されては困るので、一言お断りしておきたい。

あたりまえのことだが、「仏教商法」「キリスト教商法」が存在しないのと同様、「ユダヤ教商法」があるわけではない。

私がこの本で『ユダヤ商法』といっているのは、ユダヤ人の大部分が五〇〇〇年の民族の歴史を通して持ってきている商売のやり方といった意味なのです。

最後に、この『ユダヤの商法』という名の、読者を必ず富豪にする良書の出版にあたり、お骨折り下さいましたKKベストセラーズの遠藤洋子嬢に、心から感謝いたします。読者諸氏も、ご一緒に彼女に感謝して下さい。

藤田　田（デンと発音して下さい）

【藤田 田 復刊プロジェクトチーム】

撮影 岡崎隆生
永井 浩
取材 中村芳平
横関寿寛
動画制作 ＧＥＫＩＲＩＮ
プロデューサー 塚原浩和
リーダー 笹本健児
統括 村瀬広一
ＷＥＢ編集 竹林 徹
編集統括 山﨑 実

藤田 田（デンと発音して下さい） Den Fujita

1926（大正15）年、大阪生まれ。旧制北野中学、松江高校を経て、1951（昭和26）年、東京大学法学部卒業。在学中にGHQの通訳を務めたことがきっかけで「（株）藤田商店」を設立。学生起業家として輸入業を手がける。1971（昭和46）年、世界最大のハンバーガー・チェーンである米国マクドナルド社と50:50の出資比率で「日本マクドナルド（株）」を設立。同年7月、銀座三越1階に第1号店をオープン。日本中にハンバーガー旋風をまき起こす。わずか10年余りで日本の外食産業での売上1位を達成し、以後、トップランナーとして走り続ける。過去2回、マクドナルド・コーポレーションのアドバイザリー・ディレクターを務めるなど、マクドナルドの世界戦略にも参画。1986（昭和61）年、藍綬褒章受章。1989（平成元）年、大店法規制緩和を旗印に米国の玩具小売業トイザラス社との合弁会社「日本トイザらス（株）」を設立し、全国展開した。また、世界一のネクタイ・スカーフ製造販売会社である英国タイラック社と提携し、全国店舗展開した。（一社）日本ハンバーグ・ハンバーガー協会初代会長。

創立30年にあたる2001（平成13）年7月26日、日本マクドナルドは店頭株市場に株式公開を果たした。2004（平成16）年4月21日逝去（満78歳）。著書に『ユダヤの商法――世界経済を動かす』、『勝てば官軍』（小社刊）ほか多数。

本年4月、藤田 田、6冊同時復刊。

ユダヤの商法《しょうほう》 世界経済《せかいけいざい》を動《うご》かす［新装版《しんそうばん》］

二〇一九年四月二五日 初版第一刷発行

著者 藤《ふじ》田《た》 田《でん》（デンと発音してください）

協力 株式会社藤田商店

発行者 塚原浩和

発行所 株式会社ベストセラーズ

〒一七一-〇〇二一 東京都豊島区西池袋五-二六-一九

陸王西池袋ビル四階

電話 〇三-五九二六-六二六二（編集）

〇三-五九二六-五三二二（営業）

印刷所 錦明印刷株式会社

製本所 株式会社フォーネット社

DTP 株式会社三協美術

ISBN978-4-584-13900-4 C0095

日本を担う若者に贈る《成功のヒント》——なぜ、今、藤田 田を復刊するのか——

株式会社ベストセラーズは、このたび藤田 田の著作を新装版として6冊同時に復刊いたしました。その中で最も古い『ユダヤの商法 世界経済を動かす』は、1972（昭和47）年に刊行されました。当時、藤田は、日本マクドナルド社を立ち上げるや、あっという間に日本人の「食文化」を変えた経営者として注目を集めました。同書は総計82万7000部の大ベストセラーとなりました。今、日本経済の舵取りをしている著名な経営者が、同書によってビジネスでの「成功の本質」を学んだともいわれております。また、今回復刊する6冊の累計は307刷、97万部と、多くの読者に評価された作品となっております。

では、藤田作品を「なぜ、今、このタイミング」で復刊するのか。その理由とは、多くの日本人にとって日々暮らす社会環境が劇的に変化し、非常に厳しい時代を迎えたからです。そして、この時代を稼いで勝ち抜くための「答え」が藤田 田の《商法》の中にいまだ色あせることなく豊かに「ある」からです。現在、中小、大企業を問わず「正社員としての終身雇用」が難しくなっております。特に就職氷河期世代の40代以下の若者にとっては、人生設計そのものを一から立て直さねばなりません。利益を生み出す「ビジネス」自体を自分の頭で考え、切り開き、その資金も自分で調達する必要に迫られているのです。ゆえに藤田が著書の中で繰り返し述べる「商売のアイデアを見つける力」、「それをすぐに実行する力」が、今、まさに求められているのです。この二つの「稼ぐ力」を若者に伝えるべく私たちは本企画をスタートさせました。20代、30代のみなさんにはまだ人生で成功するために準備する「時間」があります。金持ちへの「夢」、ビジネスで世界を変える「希望」があれば、藤田の言葉の中から必ず《成功のヒント》を見つけ出せると思います。みなさん、どうか1回目はサラッと通読し、2回目はじっくりと精読、3回目は自分の言葉に引き直して血肉化し、4回目以降は仕事で悩み迷った時に再び参照してください。この6冊で、若者の可能性が今まで以上に大きなものになると、私たちは確信しています。

今回の新装版の企画刊行に際して、「これからの日本を担うたくさんの若者に読んでほしい」と快諾をくださった、株式会社藤田商店代表取締役・藤田 元氏に衷心より感謝を申し上げます。

2019年4月12日

藤田 田 復刊プロジェクトチーム